AF453300

# LIBERTÉ

## DE

## CONSCIENCE.

### RESSERRÉE DANS DES BORNES LÉGITIMES.

### PREMIERE PARTIE.

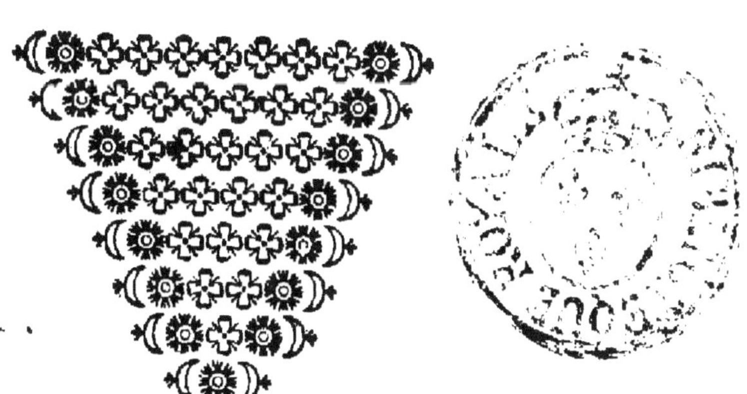

LONDRES

M. DCC. LIV.

# PREFACE.

'Ai voulu essayer si les idées de la tolerance civile en matiere de religion, présentées sous une forme catholique, ne produiroient point sur les esprits un autre effet que celui qu'en ont produit jusqu'alors les mêmes idées traitées dans les principes des Protestans. Les erreurs qu'ils ont mêlées avec cette vérité, lui ont fait du tort dans l'esprit des Catholiques qui sont venus à la méconnoître, & qui, pour me servir de l'expression d'un de nos beaux esprits, *l'ont traitée ainsi que nos juges traitent un honnête-homme, qui se trouve engagé par accident dans une troupe de coquins.*

On reproche à l'église romaine d'avoir fait un dogme de l'intolerance civile en matiere de religion, & de persécuter les hérétiques par principe de conscience. Mais cette opinion, quel-

*

que

que vogue qu'elle ait parmi ceux qui
la compofent, lui eft auffi étrangere,
que l'opinion du Probabilisme l'étoit
pour elle, dans le tems-même que ce
monftre de la morale voyoit flotter fous
fes étendarts presque tous les docteurs
de l'école. Un fentiment, quelque ré-
pandu qu'il foit, n'eft érigé en dogme
que du moment qu'il a été défini par
l'églife & propofé comme tel fous peine d'anathême. Or nous ne voyons
point que l'églife Romaine ait inferé
dans fes canons l'affreux dogme de l'intolerance qui géne les confciences, u-
furpe un droit réfervé à la divinité, &
ne lui donne pour adorateurs que d'in-
fames hypocrites.

Je fuis furpris qu'aucun Catholique
jusqu'ici n'ait conçu le deffein de venger
fon églife d'une erreur que lui impu-
tent avec quelque couleur de vraiffem-
blance les Proteftans, & qui en prennent occafion de la décrier comme une
églife barbare & inhumaine, qui le fer
en main veut convertir les mortels. Je
me croirois bien récompenfé de mon tra-
vail, fi je pouvois par cet écrit les détromper d'une perfuafion qui nous eft fi

in-

# PREFACE.

injurieufe & qui les éloigne fi fort de nous. Les voyes de contrainte qu'on employe pour les ramener produifent un effet tout contraire. Elles ferment leur efprit à toutes les raifons qu'on peut leur alléguer; & il ne leur paroît pas poffible qu'une églife, qui porte dans la converfion de ceux qu'elle appelle héréti-ques tant de vigueur & de cruauté, puiffe être cette églife que J. C. eft venu établir fur la terre. Les perfécutions dont retentit la France, & qu'un zéle infenfé y allume contre les Réformés, ont élevé entr'eux & nous un mur de divifion que la feule liberté de confcience pourroit abbatre.

Si quelque chofe eût été capable de deffiller les yeux du clergé de France, c'étoit fans doute *le Commentaire Philofophique* de Bayle. Je ne connois aucun ouvrage, où les droits de la confcience foient mieux établis. L'auteur y a déployé ce que la raifon a de plus fort, de plus perfuafif & de plus infinuant. Il a prevenu toutes les difficultés qu'on pouvoit lui faire; & ce qu'il n'eft pas poffible de lui contefter, il a pulvérifé les deux lettres de St. Auguftin, fur


les-

lesquelles le clergé de France a prétendu appuyer l'apologie des perfécutions
que fon zéle fufcite dans ce beau royaume contre la religion Proteftante. A
quoi tient-il donc qu'un ouvrage fi fortement raifonné n'ait produit tout l'effet
qu'on s'en étoit promis? Eft-ce le cas
de dire avec l'illuftre auteur de *l'efprit
des loix* que , *quand il s'agit de prouver
des chofes fi claires, on eft fur de ne pas
convaincre?*

J'aime mieux croire que les erreurs
que ce philofophe fcéptique a femées
avec profufion dans fon commentaire,
ont beaucoup nui à la bonté de la caufe
qu'il foutenoit; fans compter les invectives fanglantes , qu'une fureur brutale
& forcée arrache de fa plume contre l'églife Romaine & la facrée majes-
té de nos Rois, dans cette Philippique
mordante, connue fous ce titre : *la France toute Catholique fous le regne de Louis
le Grand.* On a haï la vérité dans un
homme , qui dans le même - tems qu'il
la défendoit d'un côté avec toute la force du raifonnement , la détruifoit de
l'autre par des fophismes fubtils & cap-
tieux. Car enfin, cette tolerance que
Bayle

# PREFACE.

Bayle prêche, à quoi aboutit-elle, fi
ce n'eft à nous précipiter dans l'abyme
affreux de l'indifférence des religions?
Cette erreur fi groffiere a tellement frappé les efprits, qu'elle ne leur a pas permis de faire attention à la vérité que
ce philofophe fceptique a fi fubtilement
entrelacée avec elle. On n'a vû dans
Bayle, partifan de la tolerance, qu'un
ennemi déclaré du chriftianisme. Les
Proteftans eux-mêmes, Saurin & Jurieu, ont aiguifé leur plume contre lui,
pour venger la vérité qu'il outrageoit
fi indignement; mais s'il m'eft permis de dire ce que j'en penfe, ils ont
été battus par ce philofophe, qui con-
noiffoit bien mieux que fes adverfaires
la trempe des armes dont il s'eft fervi
pour les combattre. Il n'a eu befoin,
pour les terraffer, que de leur oppofer
les propre principes de la Réforme, dont
la conftitution eft telle, qu'elle favori-
fe, contre fes propres intentions, le dogme monftrueux de l'indifference des religions.

A Dieu ne plaife que je range parmi
les ennemis du Chriftianisme ceux qui
l'ont fi bien défendu par des écrits

pleins

pleins de force & de dignité. On doit cette juſtice aux Proteſtans, qu'on a vû ſortir de leurs plumes fécondes un grand nombre de très bons ouvrages, pour prouver la révélation & la providence du grand être, & que leurs doctes commentaires ont porté la lumiere dans les endroits les plus obſcurs de l'écriture.

Pour donner une juſte notion de la tolerance civile en matiere de réligion, & la reſſerrer dans des bornes légitimes, j'ai été obligé de combattre la tolerance eccléſiaſtique, qu'on croit aſſez communément être une ſuite neceſſaire de la premiere. C'eſt une erreur de s'imaginer qu'il y ait entre ces deux tolerances une liaiſon intime. Elles ne ſont point tellement unies, qu'on ne puiſſe, & même qu'on ne doive les ſéparer, lorſqu'on veut conſerver l'eſprit du chriſtianisme, & ne point troubler les états. Autant que la tolerance civile eſt juſte & raiſonnable, autant la tolerance eccléſiaſtique eſt-elle pernicieuſe & deſtructive de la religion chrétienne. C'eſt pour n'avoir pas fait cette réflexion, qu'on eſt tombé de part & d'autre dans des excès également funeſtes à la religion & à la ſociété. Les

# PREFACE.

Les Partisans de la tolerance civile se font faussement persuadés qu'elle étoit liée nécessairement avec la tolerance eccléfiastique. De la tolerance eccléfiastique à l'indifférence des religions il n'y a qu'un pas à faire, que la plûpart des tolerans ont franchi. Ils se font précipités dans cet abyme, en croyant ne suivre que les principes, où conduit naturellement la tolerance eccléfiastique. Ceux aucontraire, qui se font attachés à l'intolerance eccléfiastique, se font imaginés, par une erreur toute semblable, qu'elle ne pouvoit se maintenir sans l'intolerance civile. Ils ont, en conséquence, armé le magiftrat contre les hérétiques. Les uns & les autres ont fourni aux impies, sans le vouloir, des armes contre la religion. Les premiers, en sauvant tous ceux qui se difent dans l'erreur de bonne foi, suppofé qu'ils y soient, leur ont appris à ne pas géner leur créance & à se débaraffer des myfteres qui les incommodent. Les autres ont prévenu les efprits contre leur religion, en la leur montrant les armes à la main, & toute fouillée du fang des victime, qu'elle immole à fes fentimens vrais ou faux.                    Ce

# PREFACE.

Ce n'eſt point ici le lieu d'examiner de quel côté ſe trouvent les plus grands abus. Il ſuffit qu'il y en ait de part & d'autre, pour qu'on doive travailler fortement à les prévenir, ou à en arrêter le cours. Les premiers, par une tolerance mal entendue, réduiſent à preſque rien le Chriſtianiſme, ou plûtôt, ils le détruiſent ; & les ſeconds, par une intolerance auſſi peu raiſonnable, en inſpirent de l'horreur à ceux qui n'y ſont pas encore bien affermis, ou qui voudroient l'embraſſer. On donne aux premiers le nom de *Tolerans*; & de ceux-là, on en trouve un très grand nombre dans l'égliſe proteſtante : les ſeconds s'appellent intolerans; & ceux là fourmillent en grand nombre dans l'égliſe romaine. On diroit que la tolerance eſt plus propre aux Proteſtants, & que l'intolerance convient mieux aux Romains.

Le but que je me propoſe dans cet ouvrage, c'eſt de faire voir que l'intolerance eccléſiaſtique entre néceſſairement dans la conſtitution de la religion chrétienne, que c'eſt en cela que conſiſte ſa perfection, & ce qui la caracté-
rise

# PRÉFACE.

rife principalement. Ici j'aurai à combattre cette foule de *Tolerans*, qui livrent indignement le chriſtianiſme à ſes plus cruels ennemis. Mais on ſe tromperoit fort, ſi l'on s'imaginoit que cette intolerance eccléſiaſtique dût entraîner après elle l'intolerance civile. Donnons nous bien de garde de les réunir. Il eſt auſſi expreſſément ordonné à la ſociété civile d'être tolerante en matiere de religion, qu'il l'eſt à la ſociété religieuſe d'être ſur ce point intolerante. L'union de la tolerance civile avec l'intolerance eccléſiaſtique peut ſeule maintenir ces deux ſociétés & les faire concourir au bonheur de l'homme pour qui elles ſont établies.

Je n'ignore pas que la queſtion que je traite eſt extrêmement délicate & épineuſe, parce qu'il s'agit de fixer les limites qui ſéparent les deux puiſſances, la ſpirituelle & la civile. En me déclarant pour la tolerance civile, je paroîtrai aux intolerans n'avoir pas aſſez à cœur les intérêts de la religion; & en défendant l'intolerance eccléſiaſtique, les *Tolerans* me reprocheront d'avoir mis des bornes trop étroites à la liberté de

con-

confcience. J'aurai à effuyer les difficultés des deux partis ; difficultés, comme l'on fait, extrêmement fortes, &
par lefquelles ils fe pouffent mutuellement à bout les uns & les autres. Mais,
pour peu qu'ils veuillent fe dépouiller de
leurs préjugés, & me rendre juftice, ils
feront forcés de convenir, qu'en marchant au milieu d'eux, c'eft-à-dire, entre la tolerance trop étendue des uns &
l'intolerance trop rigide des autres, j'ai
rendu vaines toutes ces objections par
lefquelles ils s'écrafent tour à tour.

Je divife ce traité en trois fections,
dans la premiere desquelles je traite de
l'intolerance eccléfiaftique, dans la fe-
conde de la tolerance civile, & dans la
troifiéme de l'injuftice des perfécutions
excités par le zéle amer des eccléfiaftique contre le Calvinifme.

TABLE

# TABLE

## DES CHAPITRES.

### De la premiere Partie.

# TABLE DES CHAPITRES.



Fin de la Table.

DE L'IN-

# DE
# L'INTOLERANCE
# CHRETIENNE.

*Les flambeaux de la haine entre nous allumés*
*Jamais des mains du tems ne seront consumez.*

VOLT. MAH.

***

## LIVRE PREMIER.

## CHAPITRE PREMIER.

*Que la Religion chretienne est par sa*
*nature Intolerante.*

L'Intolérance que le Christianisme porte sur son front &
qui fait un de ses caractères
les plus marqués, est précisément ce qui révolte contre
lui les esprits forts. De là
leurs emportemens contre cette religion,
qu'ils peignent du crayon le plus noir, en
la représentant comme funeste aux Etats
qui l'ont reçue dans leur sein, & qu'elle
embrase très souvent du feu des guerres
civiles. Les Histoires modernes, où elles
sont gravées avec un burin immortel, pour

A                                    serfervir d'exemple à la poſtérité de ce que peut l'abus de la religion pouſſée au de là de ſes bornes, ne fortifient malheureuſement que trop les objeĉtions qu'ils en tirent contre ſa vérité. Ils ne ſauroient ſe perſuader qu'une religion, qui ſe vante d'une origine divine, porte par tout le déſordre, le trouble & la confuſion. Peu s'en faut même que dans les accès de leur mauvaiſe humeur ils ne regrettent les tems où le paganiſme infeĉtoit l'univers, & qu'ils ne préferent ſes Dieux tolérans au Dieu perſécuteur que les Chretiens adorent. ,, Ce ,, paganiſme, nous dit un des plus beaux ,, eſprits de notre ſiécle, couvrit la terre ,, de ténébres, mais il ne l'arroſa gueres ,, que du ſang des animaux; & ſi quelque- ,, fois chez les Juifs & chez les payens on ,, dévoua des viĉtimes humaines, ces dé- ,, vouemens, tout horribles qu'ils étoient, ,, ne cauſerent point de guerres civiles''. Dans le paganiſme, tolérant de ſa nature, la concorde uniſſoit ceux que les religions diviſoient; mais dans le Chriſtianiſme, toutes les ſeĉtes qui le compoſent font aux priſes les unes contre les autres. Ce que ſa morale peut avoir de bon eſt plus que balancé par cet eſprit d'intolérance, qui le rend inſociable, & qui trainant ſur ſes pas la fureur & la diſcorde, allume par tout le feu des guerres de religion; guerres d'autant plus cruelles & plus animées, que la cauſe en eſt ſacrée.

Le

Le paganifme, j'en conviens, étoit tolérant; mais les Deïftes font dans une erreur extrême, s'ils jugent de la tolérance
par les idées modernes qu'on fe forme de
la tolérance, qui reünit les efprits, refpec-
te les droits de la confcience, & permet
à tous d'exercer librement leur religion.
Cette Tolérance, qu'ils ont en vûe &
dont ils exaltent avec raifon la fageffe, n'a
point été connüe des payens. Tant de
Chrétiens moiffonnés par le fer pendant
près de trois cens ans, ne prouvent que
trop combien peu ils étoient tolérans. Leur
tolérance confiftoit feulement à fouffrir des
religions différentes de celle qui étoit
établie par les loix & qui étoit regardée
comme la religion nationale. Mais s'il s'a-
giffoit de religions, qui comme le Judaïf-
me & le Chriftianifme, lui fuffent oppofées, & qui fuffent incompatibles avec elle,
c'eft alors qu'ils fe montroient très into-
lérans.

Cette intolérance, dont on ne peut nier
les heureufes influences par rapport à la
fociété, avoit fa fource dans la faufleté &
dans les abfurdités du paganifme. On peut
confulter fur cela l'excellent traité de la
*divinité de la miffion de Moyfe* de Mr. War-
burton. Cet Auteur également profond
dans fes recherches fur l'antiquité & folide
dans les raifonnemens dont il les accompagne, nous fait envifager le paganifme
comme un affemblage monftrueux de plu-

fieurs religions diftinctes, toutes fondées fur de prétendues révélations également diftinctes & particulieres, qui ne reclamant pas la même origine, n'étoient point établies par conséquent fur leur mutuelle deftruction. Ce grand nombre de révélations provenoit néceffairement de cette multitude de Divinités éclofes du cerveau des Poëtes, & l'ouvrage des paffions humaines. Comme leurs intérêts étoient féparés, & qu'elles n'avoient rien à démêler les unes avec les autres, elles avoient, chacun en propre, un culte, des oracles, des révélations. Tous y pouvoient prendre part, felon qu'ils le jugeoient à propos; de maniere pourtant qu'il ne leur étoit pas permis de fe fouftraire à la religion nationale, & qu'il falloit que le magiftrat fut inftruit des cultes nouveaux & étrangers, auxquels les particuliers s'affectionnoient. Tout cela a été doctement expliqué par l'auteur anglois que jeviens deciter.

Le magiftrat, dont les vues fe tournoient uniquement vers l'utilité publique, à la quelle il facrifioit la vérité, fomentoit, autant qu'il étoit en fon pouvoir, les religions particulieres, parce qu'elles étoient favorables à la religion de l'Etat. Cette religion en effet, étoit par elle-même trop abfurde, trop imparfaite, pour plaire longtems à ceux qui n'en auroient point eu d'autre. Il étoit donc néceffaire, pour conferver la chaleur & la vivacité des im-
pref-

preſſions religieuſes , & pour ranimer la
ſuperſtition languiſſante , qu'il s'introduiſit
dans l'Etat de nouvelles religions , des cultes étrangers , pourvû qu'on ne donnât
aucune atteinte à la religion nationale ,
qu'il étoit de l'interêt de conſerver & de
faire fleurir dans un tems où l'on n'avoit
rien de meilleur , la véritable religion n'ayant point encore percé des traits de ſa lumiere les ténébres de l'idolatrie Il ne pouvoit naître que de très bons effets de cette
tolérance de religions , qui , pour être différentes entr'elles , n'étoient pas pour cela
oppoſées. Un Dieu ne détruiſoit pas un
autre Dieu, ni une révélation n'en détruiſoit pas une autre. La religion des payens
n'étoit point dogmatique. Elle ne conſiſ-
toit que dans la morale , dans des fêtes &
dans des cérémonies ; toutes choſes qui
n'obligent point les hommes à ſe couper la
gorge les uns aux autres.

Cette ſociabilité de religions , qui cou-
loit de la nature du paganiſme , & qui n'a-
voit d'autre principe ni d'autre fondement
que les abſurdités de ces mêmes religions,
ne peut naturellement convenir à la religion Chrétienne , qui eſt fondée ſur une
revélation véritable & appuyée ſur une
théologie dogmatique. Toute religion différente d'elle lui eſt par cela même oppoſée. Sa vérité ſuppoſe néceſſairement la
fauſſeté des autres. Elle iroit contre ſa
propre fin, ſi elle s'incorporoit avec quel-

A 3

que

que religion que ce fut. De là cette fainte & infléxible incompatibilité qu'elle a toujours montrée pour toutes les autres religions. Fiere de fon origine & chargée du facré dépôt des vérités que Dieu lui a confiées, elle n'a ceffé de témoigner une horreur invincible pour tout autre culte que le fien. Lorfqu'elle s'annonça dans le monde, les payens, fortement imbus du préjugé de la communication mutuelle des religions, & accoûtumés à des révélations nouvelles, la reçurent d'abord avec plaifir. Ils jugerent du Dieu des Chrétiens par leurs divinités locales & tutelaires. Ils crurent en conféquence que les Chrétiens confentiroient volontiers que leur Dieu leur fût affocié. La nouveauté & plus encore la beauté de la religion Chrétienne la firent recevoir avec avidité à des efprits qui ne pouvoient fe raffafier de fuperftitions. Tibere, inftruit par des rapports fidéles de toutes les merveilles dont J. C. avoit étonné la Paleftine, propofa au Senat de groffir de fon nom la lifte des dieux de Rome ; & fi le Senat rejetta la propofition, ce ne fut, comme le remarque Tertullien, que par ce qu'il n'en étoit pas l'auteur. Pour lui, il demeura dans fon opinion, & menaça de groffes peines les accufateurs des Chrétiens. Un autre Empereur romain plaça dans fon cabinet l'image de J. C. parmi celles des divinités de l'empire.

Le tems fit connoître l'efprit de cette religion.

ligion. On ne fut pas longtems à s'appercevoir que comme la Judaïque elle foûte-
noit qu'elle étoit la feule véritable. Ses
prétentions, qui n'alloient pas moins qu'à
renverfer le paganifme, la lui rendirent
odieufe. Tout le mépris & l'indignation
qu'on avoit eus pour les Juifs auffi intolé-
rans que les Chrétiens, tomberent fur ces
derniers. L'Empire crut fa dignité bleffée,
s'il confentoit à quitter la religion, fous
les aufpices de la quelle il avoit été fondé,
pour adopter une religion nouvelle, qui,
outre les maximes aufteres de fa morale,
avoit encore contr'elle le défaut de n'être
point illuftrée par les grandeurs, & fur qui
rejailliffoit l'obfcurité de ceux qui la prê-
choient. Les Romains, & fur tout parmi
eux les Philofophes & les favans, étoient
piqués de voir que des gens fans naiffance,
fans lettres, fans aucune culture d'efprit,
fe donnaffent les airs d'une fageffe plus fû-
blime que celle du refte du monde, & que
fous ce pretexte ils refufaffent toute communication avec les autres, comme n'étant
point auffi purs qu'eux. C'eft le reproche
que Celfe faifoit aux Juifs, & que les Chrétiens ne méritoient pas moins qu'eux, par
leur tendre attachement à une religion qui
leur interdifoit févérement toute communication religieufe avec les payens. Delà
cette haîne envenimée qui domine fi fort
dans les relations partiales que les hifto-
riens romains firent des chrétiens. Delà

A 4

ces

ces perfécutions violentes, qui éclaterent contr'eux dans tout l'Empire, & dont le feu ne s'éteignit, que lorfque la croix eût été placée fur le diadême des Empereurs.

On peut juger par là de l'injuftice des efprits forts dans les éloges qu'ils prodiguent à perte de vue à la tolérance des payens. Cette tolérance tant vantée par eux, & qu'ils relevent avec une efpéce de complaifance, perfécuta à toute outrance l'intolérance rigide que le Chriftianifme commande à fes fectateurs. Les Chrétiens, l'objet de leur haine, tout infléxibles qu'ils étoient dans leurs fentimens, ne perfécutoient pas les payens, mais en étoient cruellement perfécutés. Ils ne favoient qu'obeïr aux ordres inhumains, que la tolérance payenne donnoit contre l'intolérance chrétienne, & tendre la gorge au fer homicide qui les immoloit. Et dans quel tems encore! Lors-même qu'ils pouvoient par leur nombre fe faire craindre à l'Empire autant du moins que les Parthes & les Marcomans. Leur religion, malgré cet efprit d'intolérance qui en fait l'âme, ne leur permettoit à l'égard de leurs perfécuteurs qu'une ferme réfiftance pour ne pas fuivre leurs rites fuperftitieux. Elle leur ordonnoit d'être fidéles à leur Dieu & à leur Prince, & ils étoient l'un & l'autre. ,, Quand Julien leur difoit, offres de l'en- ,, cens aux idoles, ils le refufoient: quand ,, il leur difoit, marches, combats, ils
,, obeïf-

,, obeïſſoient ſans héſiter. Ils diſtinguoient
,, le Roi éternel du Roi temporel, & de-
,, meuroient aſſujettis auRoi temporel pour
,, l'amour du Roi éternel : parce que , lorſ-
,, que les impies deviennent Rois, c'eſt
,, Dieu qui le fait ainſi pour exercer ſon
,, peuple, de ſorte qu'on ne peut pas ne
,, pas rendre à cette puiſſance l'honneur
,, qui lui eſt dû. *S. Aug.*

On ne ſauroit blâmer dans la religion
chrétienne cette intolérance qu'elle a
toujours oppoſée au paganiſme, ſans faire
tomber le reproche de fanatiſme ſur les
martyrs qui l'ont ſcellée de leur ſang. Elle
ſeule a fait dans l'eſprit des payens tout le
crime des Chrétiens. Elle ſeule leur a at-
tiré toutes les perſécutions auxquelles ils
ont été en bute jusqu'au tems où leur patience laſſa la cruauté de leurs perſécuteurs.
Comme elle attaquoit le principe fondamental
mental de la religion payenne , je veux
dire, la communication mutuelle de toutes les religions , il n'eſt pas ſurprenant,
qu'elle ait excité contr'elle le zéle des meil-
leurs Empereurs. L'éternité de l'Empire
leur paroiſſoit liée à celle de la religion qui
étoit née avec lui. La politique leur faiſoit
enviſager dans cette obſtination inflexible,
que le Chriſtianiſme inſpiroit aux ſiens, je
ne ſais quoi de ſombre qui paroiſſoit cacher
une haîne envenimée contre ceux qui n'é-
toient pas de leur religion. Voilà pourquoi
leur bras s'armoit contre les Chrétiens

 &

& que le fer étoit tendu fur leurs têtes.
Ils vouloient arrêter les progrès d'une religion qui s'élevoit infenfiblement fur les
ruines de la religion nationale. Il étoit réfervé aux deïftes de nos jours de les foup-
çonner de crimes odieux & de trâmes fecrettes contre l'Empire, fous prétexte qu'ils
ont été perfécutés par les Trajans, les An-
tonins. Le feul nom de Chrétiens excite
leur courroux ; ils voudroient, s'il étoit
poffible, l'anéantir de deffus la terre, pour
n'avoir plus à redouter les cris importuns
d'une confcience qui leur montre dans le
Dieu des Chrétiens un vengeur inexorable ; ils prennent volontiers contr'eux le
parti d'un Julien l'Apoftat ; & quoiqu'il
foit conftant qu'ils ont été foumis & doci-
les fous le régne de cet Empereur, ils n'en
penfent pas moins avec lui, qu'ils n'ont
épargné aucun moyen, ni laiffé échapper
aucune occafion d'exciter des révoltes, &
que leurs chefs, furieux des bornes qu'on
avoit mis à leurs pouvoirs, ont fomenté
en eux l'efprit de fédition.

Pline le jeune leur rend ce témoignage, que, dans la recherche qu'il avoit faite de leurs crimes, il n'avoit trouvé en
eux qu'un grand attachement à leur religion, & qu'une obftination infléxible à refufer toute communication avec le paganifme ; convenant d'ailleurs de la pureté de
leurs mœurs & de leur foumiffion parfaite
aux ordres des Empereurs. C'étoit-là le
feul

feul crime, dont on chargeoit les Chrétiens & qu'on puniſſoit en eux. Leur humeur incompatible & leur caractere inſociable en matiere de religion, paſſoient pour être l'effet d'un haîne & d'une averſion orgueilleuſe pour tout le genre humain. *On ne convainquit point*, dit Tacite, *les Chrétiens d'incendie, mais de haîne contre le genre humain.* Malheureuſement pour eux, les payens, faute davoir approfondi l'eſprit de leur religion, n'enviſagerent point cette inflexibilité ſur le pied d'une erreur, ils l'enviſagerent comme un vice. Ils crurent qu'ils avoient tout à craindre de gens, que la prévention leur peignoit des couleurs les plus noires, & qu'elle leur faiſoit regarder comme des ennemis dangereux. D'un autre côté, la pureté de leurs mœurs qu'ils ne pouvoient ſe diſſimuler, étoit pour eux une enigme qu'ils ne pouvoient expliquer. Pour avoir droit de les punir, il leur ſuppoſerent des crimes qu'ils alloient enſevelir dans leurs aſſemblées ſecrettes. Delà ces ſoupçons injurieux, qu'ils avoient une tête d'âne, qu'ils ſe mêloient indifféremment dans leurs aſſemblées, qu'à la faveur de l'obſcurité ils contentoient leur brutale paſſion, qu'ils baignoient leurs mains dans le ſang d'un enfant, & que ſur ce ſang verſé par eux ils s'engageoient à commettre toutes ſortes de crimes.

Les Chrétiens convaincus, que c'étoit renoncer à leur religion que de l'aſſocier à

cel-

celle des payens, refuſerent conſtamment
de le faire. Ils ne pouvoient en conſcien-
ce adorer des dieux de plâtre. Leur religion
les réprouvoit & en démontroit le néant &
la frivolité.  C'eut été bleſſer Dieu dans
l'endroit le plus ſenſible & le plus délicat,
que de placer à côté de lui ſur le même au-
tel des dieux qui n'étoient que de vains fantômes que la ſuperſtition avoit réaliſés. Ils
avoient été aſſez & trop longtems la crainte
& la terreur de l'univers, pour que le tems
ne fut pas encore arrivé de les en rendre le
joüet & le mépris.  Trembler devant ces
ſimulachres vains, & bruler en leur honneur un encens ſacrilége, n'étoit pas un
bon moyen, pour détromper l'aveugle univers & pour arracher le bandeau de la
ſuperſtition.  Loin donc de communiquer
avec les payens, l'amour de la vérité les
preſſoit de travailler à écraſer la ſuperſtition qui les captivoit ſous un joug de fer que
tant de ſiécles n'avoient encore pû briſer.

◄§§◄ ◄§ ◄§§◄ ◄§§◄ ◄§§◄ ◄§§◄ ◄§§◄ ◄§

## CHAPITRE II.

*Quelle eſt l'étendue de l'intolérance eccléſiaſti-*
*que, & ce qu'en penſent les Egliſes ro-*
*maine & réformée.*

LE Chriſtianiſme propoſe de croire à des
myſteres, dont la hauteur étonne ſi fort les
eſprits incapables d'en porter tout le poids,

qu'il

qu'il n'eſt point ſurprenant que dès ſa naiſ-
ſance-même il ne ſe ſoit diviſé en pluſieurs
ſectes qui s'anathématiſent mutuellement.
Sans faire l'énumeration de toutes les ſectes
orientales qui ont rompu avec l'Egliſe d'oc-
cident, nous ne donnerons ici notre attention qu'aux ſeules Egliſes romaine &
réformée, qui figurent avec honneur dans
l'univers. On ne peut-être plus oppoſé
qu'elles le ſont ſur l'article de l'intolérance eccléſiaſtique. Il s'agit de ſavoir laquelle de ces deux égliſes exprime plus parfaitement dans ſa conduite l'eſprit du Chris-
tianiſme, ou de la premiere par ſon intolérance rigide, ou de la ſeconde par ſon intolérance mitigée.

L'Egliſe romaine ne met aucunes bor-
ner à ſon intolérance en fait de ſentimens.
Elle affecte avec toutes les ſociétés chrétiennes, qui ſe ſont ſéparées d'elle, la même rigueur que le Chriſtianiſme conſerva
avec le paganiſme, avec qui il ne voulut
jamais avoir aucune communication. Sa
haîne pour toutes les erreurs, de quelque
nature qu'elles ſoient, eſt infléxible. Rien
n'a jamais été capable de l'adoucir de ce
côté-là; & par tout où elle a apperçu
quelques traces d'erreurs, elle y a auſſi-
tôt lancé le feu de ſon tonnerre. C'eſt de
ſon tribunal qu'eſt parti la foudre, dont
ſont encore fumans, après tant de ſiécles,
les Ariens, les Macédoniens, les Neſto-
riens, les Eutychéens, les Monothélites,
les

les Manichéens, les Pelagiens, les Novatiens, les Montanistes, les Donatistes &
tant d'autres hérétiques, que le tems a précipités dans l'oubli, & qui ne subsistent
plus que dans les écrits qui en parlent. Elle s'est rallumée dans les derniers tems contre les Albigeois, les Vaudois, les Bohé-
miens, les Wicléfites, les Huslites, &
notamment contre les Lutheriens & les
Calvinistes. Jalouse de transmettre dans
toute sa pureté le sacré dépôt des vérités
révélées, elle ne sauroit souffrir qu'on y
donne la plus legere atteinte. Toute erreur, dès là qu'elle heurte audacieusement
soit l'écriture, soit la tradition apostolique,
qui sont les deux sources de sa créance,
devient pour elle fondamentale. Elle regarde la foi comme une fleur délicate, dont
le moindre souffle d'erreur ternit tout l'é-
clat.

Cette roideur infléxible de sentimens,
qui fait, à proprement parler, son caractere, la rend odieuse à toutes les autres
sectes chrétiennes. Quoique divisées de
sentimens, elles consentent à se reünir,
du moins à se tolérer. Elles se liguent
contre Rome ainsi que contre leur ennemi
commun. Elles sacrifient leurs haînes à
l'amour de la vengeance, & unissent leurs
forces contre une église qui prétend les as-
servir. Cette intolérance, dont elle se pa-
re, a sa source dans l'infaillibilité, qu'elle fait profession de soutenir comme un de

ses

ſes points fondamentaux. Elle croiroit y renoncer, ſi, après avoir prononcé ſur quelque point de Doctrine, elle ſe montroit indulgente envers ceux qui ſeroient rebelles à ſa déciſion. Dès-là qu'on la ſuppoſe infaillible, la même autorité qui nous oblige de la croire ſur les Dogmes, tels que ceux de la trinité & de l'incarnation, nous impoſe un reſpect égal ſur tout autre Dogme; parce que toute vérité, encore qu'elle nous paroiſſe peu importante relativement à d'autres, mérite pourtant nos hommages, toutes les fois que Dieu nous la propoſe par le canal d'une égliſe, que nous croyons dirigée conſtamment par le ſoufle de ſon eſprit. Se ſoumettre à cette égliſe ſur certains articles, & ſecouer ſon joug ſur d'autres, ne pourroit être que l'effet d'une foi bizarre & capricieuſe. Si l'égliſe eſt l'organe de la divinité, les déciſions, qui en émanent, quelles qu'elles ſoient, doivent, par une conſéquence néceſſaire, emporter notre conſentement. On feroit donc mal fondé à faire un crime à l'égliſe romaine de ſon humeur intolérante, à moins qu'il ne fût bien décidé que cette infaillibilité, dont elle ſe glorifie, n'eſt qu'un droit chimérique. Les Proteſtans eux-mêmes conviennent de ce principe. C'eſt pourquoi on leur voit dreſſer toutes leurs batteries contre le dogme de l'infaillibilité, qui, ſuppoſé qu'il ſoit bien établi, porte le dernier coup à la Réforme.

Mais

Mais autant que l'intolérance convient à l'églife romaine, qui la fonde fur cette infaillibilité qu'elle s'arroge, autant révolteroit-elle dans l'églife réformée, qui ne poufle pas fi loin fes prétentions, convenant volontiers qu'elle eft très faillible. Auffi voyons-nous que cette églife eft plus molle, plus fléxible, plus tolérante, puifqu'elle admet avec fes enfans à une même communion ceux qui ne penfent pas en tout comme elle, & qu'elle n'en exclut que ceux qui renverferoient les fondemens de fa religion. Le principe une fois admis, que les erreurs font l'appanage de l'humanité, on doit avoir une indulgence tolérante les uns pour les autres. Car il peut très bien arriver que nous foyons dans l'erreur, tandis que la vérité brille aux yeux des autres. Ce qui eft vrai de particulier à particulier, l'eft auffi d'églife à églife, lorfque pour premier article de foi elle propofent leur faillibilité. Ainfi l'Eglife calvinifte ne peut être affurée qu'elle prêche plûtôt dans toute fa pureté la parole de Dieu, que l'églife Lutherienne. Elle ne peut avoir fur cela qu'une préfomption, que toute autre églife pourra revendiquer avec autant de droit. Avec de pareils fentimens on devroit être tolérant; car rien ne difpofe tant à l'être, que de favoir qu'on peut fe tromper.

Ce qui a le plus contribué à nourrir dans la Réforme cet efprit de douceur,

de

de support & de tolérance, c'est la multitude des sectes, dont elle se vit inondée dès son origine. On sait que les innovations de Luther attirerent celles de Zuingle & de Calvin; & celles ci en enfanterent d'autres, comme celles des Anabaptistes, des Arminiens, des Quakers, &c. Après avoir une fois rompu le frein qui retenoit les esprits, & les avoir fait jouïr du charme décevant qui accompagne naturellement la liberté, la Réforme n'eût fait que les éloigner d'elle, si elle eût entrepris de leur donner de nouveaux fers. C'est ce qu'on sut fort bien objecter aux Lutheriens, qui étoient la tige de la réforme, & qui désespérant de ramener par la prétendue évidence des écritures ceux qui la divisoient dans sa naissance, voulurent en venir à l'autorité, & faire plier sous elle les nouveaux Sacramentaires. Ce qui avoit été permis à Luther, pour quoi ne l'auroit-il pas été à Zuingle, à Calvin, &c? Cette tyrannie, que Luther vouloit exercer dans les matieres de Doctrine, sappoit par les fondemens la Réforme, dont la liberté & l'affranchissement de tout joug humain étoit l'âme. N'étoit-il pas plaisant de voir ce chef de la Réforme, qui par lui-même n'avoit aucune autorité, exiger impérieusement qu'on l'en crut sur sa parole, lui, qui n'en avoit voulu croire ni le Pape, ni les Evêques, contre qui il s'étoit fiérement révolté? Si l'autorité étoit

 un

un joug néceffaire aux efprits, encore val-
loit-il mieux fubir celui de l'églife romaine, que celui d'un particulier tel que Luther. Auffi le laiffa-t-on gronder tant qu'il
voulut; & la Réforme, fans aucun égard
pour ce nouveau Pape, jouït amplement du
droit d'innover à l'exemple de fon chef.
Pour enchaîner tant d'efprits émus & é-
branlés par les difputes que fa féparation
de Rome avoit excitées, elle fe vit forcée
de tolérer dans fa communion des hommes
dont les fentimens étoient différens des
fiens. Sans cette tolérance plus politique
que religieufe, les divifions, qui marchent
à fa fuite, l'auroient étouffée dans fon
berceau.

## CHAPITRE III.

*Combien les Proteftans ont été embarraffés à*
*fixer les limites, où doit s'arrêter la To-*
*lérance eccléfiaftique.*

LA Tolérance en matiere de religion,
la quelle naît de la conftitution de la
Réforme, doit avoir néceffairement des
bornes; autrement elle degénéreroit en
une indifférence monftreufe qui dès lors
renverferoit le Chriftianifme, qu'elle eft
venue, dit-elle, épurer de toutes les fuperftitions que l'églife romaine y avoit
in-

introduites. Les Proteſtans furent aſſez embarraſſés à marquer ces bornes que la tolérance ne doit jamais franchir. Pour ſe tirer d'un ſi mauvais pas, où la ſuite des événemens les engagea, (on peut bien aſſûrer qu'au commencement de la Reforme on ne penſoit pas qu'on en viendroit là) ils imaginerent je ne ſais quelle diſtinction, entre des articles fondamentaux & non fondamentaux, auſſi inconnue à l'antiquité que l'eſt la célébre diſtinction du Fait & du Droit inventée par Arnaud, pour colerer d'un air de ſoumiſſion une véritable révolte contre les decrêts de l'égliſe. Ce n'étoit pas aſſez de le dire, s'ils ne fixoient encore d'une maniere claire & préciſe ces fondemens, qu'on ne peut ébranler, ſans détruire la religion même, & avec les quels on peut être ſauvé, dans quelques erreurs qu'on tombe d'ailleurs.

Cette queſtion, de l'aveu même des Proteſtans, eſt une des plus délicates & des plus épineuſes de la théologie. Mais ce qu'il y a de terrible ici, c'eſt que la diſcuſſion exacte en eſt de la derniere néceſſité pour le commun des fidéles. Ce n'étoit pas aſſez pour leur ignorante incapacité d'avoir à ſe former eux-mêmes leur foi ſur les écritures, ſi on ne leur impoſoit encore le pénible ſoin de diſtinguer les erreurs que Dieu tolere d'avec celles qu'il punit impitoyablement. Les Miniſtres ont voulu leur en fermer l'entrée, parce qu'ils


ſen-

fentent très bien que c'eft les engager dans
un labyrinthe tortueux femé de mille
routes, où les plus habiles s'égarent. Af-
furément ils ne confultent point en cela l'é-
criture, qui interdit aux fimples comme
aux favans toute communication avec les
hérétiques. La loi qui leur defend de communiquer avec ceux dont la fociété pourroit leur être contagieufe, leur ordonne
en même tems de connoître ceux qui font
infectés du venin de l'héréfie. Ils font o-
bligés de diftinguer ceux, pour qui la
charité leur fait un devoir de la tolérance,
de ceux pour qui le zéle de la verité leur
commande d'avoir de l'intolérance. En un
mot, il faut qu'ils fachent, pourquoi, par
exemple, ils doivent tolérer les Lutheriens
& non les Sociniens; pourquoi le Dogme de
l'ubiquité Lutherienne, qui tend à con-
fondre dans J. C. fes deux natures, n'eft
pas une héréfie auffi fondamentale que celle qui nie la divinité de ce même J. C. Si
les miniftres eux-mêmes fuccombent fous
le poids de la difficulté, lorfqu'on les preffe de donner une lifte bien exacte des articles fondamentaux; combien les fimples
doivent-ils être plus embarraffés, lorfqu'on les jette fur cette queftion qui fait
le fupplice de leurs favans! C'eft-là l'endroit foible de la Réforme; & les Catholiques, qui l'ont attaquée de ce côté là,
ont toûjours été triomphans. Ses écrivains
même les plus renommés ont beau faire,

la

la fierté qu'ils affectent avec les Catholiques, qui les preſſent ſur la fixation des Articles fondamentaux, trahit & décéle leur foibleſſe. Leur embarras ſe peint viſiblement dans tous les endroits où ils ſont obligés d'en parler. C'eſt un écueil où tous ſont venus ſe briſer.

C'eſt un principe dans la Réforme, qu'on doit regarder comme freres, infirmes à la vérité dans la foi, ceux qui n'en renverſent pas les fondemens. Mais d'abord, ſur quoi cette déciſion, de la quelle dépend la diſcipline des égliſes proteſtantes, eſt-elle appuyée? Ce n'eſt pas certainement ſur l'écriture, qu'elles regardent pourtant comme l'unique régle de leur foi. Dieu y a ſans doute marqué les vérités qu'il lui a plu de nous révéler; mais il ne nous y nomme en aucun endroit celles où l'on peut impunément errer. Que devient donc le reproche qu'elles font à l'égliſe romaine, de ſe fabriquer des articles de foi, qu'elle ne ſe donne pas ſeulement la peine de colorer de l'apparence de vérités enſeignées dans les Ecritures. En voici un bien marqué que cette diſtinction des Articles fondamentaux, qu'elles tirent d'ailleurs que de ce livre divin.

Mais ne preſſons point ici les Proteſtans, ſur ce qu'ils dementent leurs propres principes, en nous obligeant à recevoir comme article de foi ce qu'on leur défie hautement de prouver par l'écriture. Ils en

 ont

ont bien d'autres, tel, p. ex., que celui de l'autenticité des livres facrés, qui n'ont point leur fource dans cette unique régle de leur foi. Accordons leur, puifqu'ils le veulent, que la diftinction des articles fondamentaux, fur qui repofe tout l'édifice de la Réforme, eft une chofe très bien fondée, quoiqu'il foit vifible, qu'ils n'en ont d'autre preuve que la néceffité de fe défendre contre les Catholiques. Ils n'ont encore rien fait, s'ils n'affignent des marques certaines, aux quelles fe reconnoiffent les vérités fondamentales. Autant qu'il m'a été poffible d'analifer leurs ouvrages, ils tendent, ce me femble, à fuppofer qu'un article eft fondamental, lorfqu'il eft clairement revélé dans les écritures, & que d'ailleurs il renferme une vérité importante. Faire dépendre les fondemens de la foi de la réunion de ces deux points, c'eft, comme l'on voit, délier un nœud difficile par un autre qui devient lui-même plus indiffoluble que le premier. Car ce n'eft pas une chofe aifée que de s'affûrer 1°. quelles font les vérités clairement révélées; 2°. quelles font les vérités importantes, dont Dieu exige abfolument la créance pour être fauvé, tandis que fa facile bonté pardonne les erreurs où l'on peut tomber par rapport à d'autres. Or c'eft fur quoi les Proteftans fentent combien il leur eft difficile de répondre d'une maniere plaufible aux objections des Catholiques.

C H A-

# CHAPITRE IV.

*Que la clarté de la révélation eſt un moyen
très peu propre pour décider l'importante
queſtion des articles fondamentaux.*

S'il n'y a de vérités fondamentales, que
celles qui ſont clairement exprimées
dans l'écriture, il faudra rayer de ce nombre tous les myſteres, que dis-je, toute la
partie dogmatique de la Bible. Car ſur
tout cela il y a beaucoup d'obſcurité, te-
moin les différentes ſectes qui ont pris
occaſion de quelque dogme pour faire un
Schiſme dans l'égliſe. Par là, les vérités
fondamentales, en qui réſide le Chriſtianiſme, ſe trouveront concentrées dans la
partie morale & dans la partie hiſtorique
des livres divins. Je ne vois d'unanimité
parfaite, de concert de ſentimens entre les
Chrétiens, que ſur ces deux chefs. Encore
faut-il en excepter quelques points de morale, tels que ſont l'uſure & l'indiſſolubi-
lité du mariage, où je vois les Proteſtans
& les Catholiques diviſés.

Je ſais bien qu'un Proteſtant me répondra, qu'il n'y a rien de plus clair dans l'é-
criture que les articles qui compoſent ſon
ſymbole; mais ſi cela eſt ainſi, pourquoi
les Lutheriens & les Arminiens ne l'admet-

B 4

tent

tent-ils pas dans toute son étendue? Pourquoi ceux de la Communion romaine le rejettent-ils avec une espéce d'horreur dans tous les points où ils pensent différemment? Pourquoi enfin ne trouve-t-il aucune créance dans l'esprit des sectes orientales? Il est en effet surprenant, que des vérités si claires & si lumineuses pour les plus simples d'entre les Protestans, demeurent voilées pour tous ceux qui n'ont pas le bonheur d'être de leur communion. Je me défie d'une clarté, qui n'affecte qu'un petit nombre de personnes, & qui ne sauroit percer les ténebres, où tout le reste du monde est plongé.

Les erreurs qui couvrent la terre, direz-vous, ont leur source dans les préjugés de l'esprit, dans la forte préoccupation dont on se remplit naturellement contre les dogmes de toute autre communion, dans une fausse honte qui retient les personnes dans leurs premiers sentimens, dans un ridicule orgueil qui ne veut rien devoir aux lumieres des autres, & qui seroit bien fâché de voir par des yeux étrangers une vérité qu'il n'a pû appercevoir par les siens, enfin dans un certain pli que l'âme prend aussi facilement du côté des opinions que du côté des affections qui deviennent pour elle une seconde nature.

A la bonne heure, que toutes ces choses soient capables de former un voîle épais qui dérobe au Lutherien, au Remontrant,

au

au Catholique, &c. tant de vérités qui frappent par leur éclat les yeux des Protestans les plus ignorans. Mais ils seroient de bonnes gens, s'ils s'imaginoient que leurs adversaires ne rejetteront pas sur eux-mêmes le reproche dont ils les accablent. Par quel privilége seroient-ils entre les mortels les seuls que les préjugés, ces rois du vulgaire, respecteroient, & dont les yeux ne seroient point fascinés par les fausses couleurs du mensonge ? Sont-ce donc des Dieux que ces Protestans, de qui l'erreur & tout ce qui la produit, n'osent approcher ? Non, je ne croirai point qu'il leur soit donné de voir la vérité pure, là où j'ai le malheur de ne voir que les préventions de mon esprit & les erreurs d'une secte. Et pourquoi leur donnerois-je sur moi cet avantage de mieux interprèter les écritures que je ne puis le faire ? Pourquoi céderois-je à leur autorité, tandis que ma façon de penser me rend impénétrable à toute la force de leurs raisonnemens ? Ils m'ont trop bien appris à résister à toute autorité humaine en fait de religion, pour que je plie ma fiere raison à la leur.

Le Protestant, qui croit de bonne foi que rien n'est plus clair dans l'écriture que les opinions de sa secte, ne les y voit à coup sûr, que parcequ'il a été préparé à les y voir, tant par ses Catéchismes que par ceux qui en ont imbu son credule esprit.

,, Plus j'y pense, nous dit le subtil auteur

„ des *avis sur le tableau du Socinianisme*,
„ plus je me persuade que les préjugés ti-
„ rés des Catéchismes plûtôt qu'une con-
„ noissance puisée dans la parole de Dieu,
„ sont aujourd'hui presque l'unique fon-
„ dement de la foi des peuples". Quel
est en effet le Protestant qui, s'il est sin-
cere, n'avoue qu'il n'est renvoyé à l'écriture, pour y puiser sa foi, qu'après qu'on
lui a bandé les yeux? On lui met un voîle
sur la tête & après cela on lui ordonne
de lire la Bible. Le moyen qu'il n'y trouve
pas tous les préjugés de sa secte, & qu'il
ne fasse pas quadrer tout ce qu'il y lit avec
les articles fondamentaux qu'il est obligé
de croire! Tandis qu'il ne pense suivre que
ses propres sentimens, il est entraîné par
ceux de ses maîtres, pour lesquels il se
trouve par une suite de son éducation prévenu d'une sorte d'estime: & ce qui paroî-
troit surprenant, n'étoit la bizarrerie de
l'esprit humain, c'est par leur autorité qu'il
croit qu'il ne faut point croire à l'autorité.

Si sa foi étoit raisonnée, comme on
prétend le lui persuader; (car de lui même
il ne le sait pas) si elle étoit l'effet d'une
conviction intime, produite par un examen
critique de l'autenticité de la Bible, & par
une discussion exacte du texte approfondi;
je voudrois bien savoir pourquoi il n'arrive
jamais qu'un Lutherien devienne Calviniste, ni qu'un Calviniste devienne Lutherien. Qu'un homme naisse dans une secte
quelle

quelle qu'elle foit, je fuis bien fur qu'entraîné par le torrent de ceux de fon parti il n'aura jamais d'autres fentimens que les leurs, & que fes idées feront jettées au même moule, où fes peres avant lui avoient jetté les leurs. Le balancement alternatif des eaux de la mer produit par la préfence de la lune n'eft pas plus uniforme dans la nature, que ne l'eft dans chaque homme la croyance des dogmes de la fecte dans laquelle il eft né. Celui qui a commencé à marcher fous les étendarts de Luther, ne fe rangera jamais fous ceux de Calvin. Leur cerveau a été frappé dans leur enfance d'une maniere différente; en voilà affez pour affurer que le Lutherien & le Calvinifte ne s'accorderont jamais fur le fens des écritures, où ils font divifés. Un homme n'eft pas plûtôt d'une fecte, que tous les fentimens qui lui font propres, entrent dans fon efprit fans réfiftance & fans effort, & en ferment l'entrée à tout autre qui voudroit les y déplacer. L'habit feul qu'on endoffe, qui le croiroit! fait dans les efprits une révolution merveilleufe. L'habit de St. Dominique fait des Thomiftes de tous ceux qui le revêtent, celui de St. François des Scotiftes, celui de St. Ignace des Moliniftes. Un Thomifte fous les habits d'un Jefuite feroit un prodige dans le monde fcholaftique. Il eft plus rare, qu'on ne le croit communément, de penfer d'après foi dans les chofes mêmes où

l'on

l'on se persuade qu'on fait le plus d'usage de sa raison.

Rien ne prouve mieux combien la foible raison des hommes est dépendante de l'autorité, que cette folle persuasion dont on est imbu dans la réforme, que l'écriture est claire, & qu'il n'y a personne pour occupé ou ignorant qu'il soit, qui n'y puisse trouver les vérités nécessaires, en considérant par lui même attentivement les passages & les conférant avec soin les uns avec les autres  Le peuple croit que la chose est ainsi, parce qu'on le lui dit ; & quoique le sentiment de son incapacité réclame contre la fiere présomption qu'on lui inspire, sous le voîle de cette clarté prétendue, qui est empreinte dans les écritures, il n'en est pas moins persuadé qu'il est né juge en matiere de religion. Rien ne lui paroît plus évident que les interprétations qui lui sont suggérées par ses ministres, & il ignore combien il leur en coûte pour les défendre contre les attaques vigoureuses des autres sectes.

Les écritures, qui contiennent les articles de notre foi, offrent en même-tems les raisons par lesquelles on les attaque. Ce sont des arsenaux communs. Là nous voyons les Chrétiens & les Juifs s'armer contre les deïstes, & les deïstes s'armer à leur tour contre les uns & les autres. Ceux-ci ne les ont pas plûtôt terrassés, qu'ils se mettent aux prises les uns contre les autres ; &

Dieu

Dieu sait quels terribles coups ils se portent. Les Juifs, qui ne sont pas de force, sont à peine défaits, que les Chrétiens tournent contre eux-mêmes les armes dont ils s'étoient si bien servis contre leurs ennemis. On voit les Catholiques, les Lutheriens, les Calvinistes, fondre tous ensemble sur les Sociniens, venger contre leurs téméraires attaques l'auguste vérité de nos mysteres, & les Sociniens faire tête à tous; les Lutheriens & les Calvinistes se liguer contre les Catholiques, & les Catholiques les combattre les uns par les autres, enfin toutes les sectes du Christianisme se liguer contre Rome qui les a chassées de son sein, & Rome seule tenir contre la multitude des sectes.

Dans ce conflict d'opinions, quel homme sera assez téméraire pour se rendre juge des coups, & pour tenir la balance entre tant de combattans ? Ce téméraire, c'est tout particulier nourri & élevé dans les principes de la Réforme. C'est par le principe d'une religion, qui ne prêche que l'humilité, qu'il est obligé de croire qu'il a assez de capacité, lui dont les lumieres sont par tout ailleurs si bornées, pour prononcer sur les grands démêlés qui partagent le Christianisme en tant de sectes opposées. C'est à cet excès d'orgueil & de présomption que conduit cette liberté de penser, dont la Réforme a flatté des esprits imbécilles & stupides; & je ne vois pas

que

que jufqu'ici elle les ait lavés de cette ta-
che, qui leur a été fi fortement reprochée
par les Boffuets & les Nicoles.

Mylord Bolingbroke, dont l'efprit fier
& indépendant avoit brifé les entraves où
le peuple met fa raifon, a reconnu dans fa
5me. lettre fur l'hiftoire l'infuffifance de l'é-
criture pour fe décider en matiere de foi.
Voici fes propres termes. ,, Les écrivains
,, de la religion romaine ont entrepris de
,, prouver que la St. Ecriture eft à plu-
,, fieurs égards infuffifante pour être la
,, feule Pierre de touche de l'Orthodoxie ;
,, j'appréhende même qu'ils ne l'ayent dé-
,, montrée. Ils comptent que depuis la
,, premiere Prédication de la foi jufqu'à
,, ce jour, l'expérience a montré abondam-
,, ment avec combien de facilité & de fuc-
,, cès les opinions les plus oppofées, les
,, plus extravagantes & même les plus im-
,, pies, & les dogmes les plus contradic-
,, toires, peuvent être fondés fur le même
,, Texte, & défendus d'une maniere plau-
,, fible par la même autorité. Les écrivains
,, de la religion reformée ont dreffé leurs
,, batteries contre la tradition ; & la plus
,, grande difficulté qu'ils ayent eu à fur-
,, monter dans cette entreprife, c'eft de
,, mirer & de pointer leur canon fi bien,
,, qu'ils ne renverfent pas avec la même
,, batterie les traditions qu'ils ont admifes
,, & celles qu'ils rejettent".

A ce raifonnement, auquel l'expérience

de

de tous les fiécles donne tant de force, que peuvent répondre les Proteſtans? S'ils continuent à dire que l'écriture eſt claire, quoiqu'ils ſachent très bien eux-mêmes le contraire, c'eſt qu'ils ont intérèt de le perſuader aux peuples, qu'ils amuſent avec cette idée, & qui ſans cela leur échapperoient bientôt, pour ſe rejetter entre les bras de l'autorité, à laquelle ils les ont imprudemment arrachés.

## CHAPITRE V.

*Que l'importance des vérités a le même defaut que la clarté de leur révélation, pour fixer les articles fondamentaux.*

SI l'expérience de tous les fiécles, qui nous montre les Chrétiens partagés en différentes feétes, à l'occaſion des myſteres, que les uns adoptent du même air que les autres les rejettent, eſt une preuve ſuffiſante de la difficulté qu'il y a à fixer par ſoi-même le ſens des écritures, elle ne l'eſt pas moins de ce qu'il en coûte pour déterminer, entre les vérités révélées, celles qui ont ce degré d'importance, qui ne permet pas aux eſprits de les ignorer ou de les combattre par un effet du préjugé dans lequel on a été élevé. D'abord on ne conçoit pas que parmi les vérités révélées, il puisse y en avoir quelques-unes assez peu importantes, pour que Dieu les abandonne à la discrétion des personnes, & qu'il laisse à leur égard pleine liberté de les croire ou de ne les croire pas, selon qu'on le jugera à propos. Si cela est ainsi, qu'étoit-il besoin qu'il descendit, pour ainsi dire, du Ciel, & qu'il prît une figure humaine, pour nous instruire de dogmes inutiles & dont la croyance est indifférente? Est-ce bien là le Dieu, qui nous dit par la bouche d'Isaïe, *je suis le Seigneur, qui t'enseigne des choses utiles, & qui te conduit dans la voye où tu dois marcher?* Penser ainsi de Dieu, c'est presque le comparer à ces dieux, qu'un mauvais Poëte faisoit descendre, à force de machines, sur le théatre, pour y débiter quelque sottise. Croyons pour l'honneur de Dieu même, qu'il ne nous a rien enseigné qui ne soit utile & nécessaire à sa maniere. Si quelqu'un de ses dogmes ne l'est pas à tous & toujours, il l'est toujours au général, & il l'est aux particuliers en certains cas; autrement, il n'auroit pas dû le révéler. Voilà ce que dit la raison, quand on la consulte de bonne foi.

L'église romaine a ses points fondamentaux, ainsi que l'église réformée. Ce sont, si vous le voulez, ceux qui ont une liaison plus intime avec la fin de la religion, qui est la gloire de Dieu & la sanctification de l'homme. Mais ce qui met entre elles une différence notable & sensible, c'est que

la

la premiere ne diſtingue certains articles fondamentaux d'avec les autres, qu'en ce ſens qu'il n'eſt pas permis à aucun de ſes membres de les ignorer; mais elle n'autoriſe point ſous ce prétexte aucuns de ſes enfans à nier ceux qui ne ſont point fondamentaux, lorſqu'ils viennent à être inſtruits qu'ils ſont partie de ſon ſymbole. Elle croit que rejetter quelqu'un de ces articles, c'eſt renverſer le fondement, & ébranler autant qu'il eſt en ſoi la Pierre ſur laquelle la foi du fidéle eſt appuyée. Conformément à ce principe, elle a frappé dans tous les tems, de ſes anathêmes, ceux mêmes qui conſervant les fondemens rompoient l'unité ſous d'autres prétextes. Dans le Concile de Nicée, elle ne regarde pas comme lui appartenant plus, les Novatiens ou Cathares & les Donatiſtes, que les Paulianiſtes, c'eſt-à dire, les ſectateurs de Paul de Samoſate, qui nioient la trinité & l'incarnation. Les premiers comme les derniers ſont également exclus de ſa communion. Quand elle s'aſſemble dans ce Concile, pour définir contre les Ariens la conſubſtantialité du Verbe, elle n'y appelle ni les Novatiens ni les Donatiſtes, elle n'y veut donner aucune ſéance à leurs Evêques. Elle dit des uns & des autres : *ceux là, lorſqu'ils viendront à l'égliſe Catholique.* Ils n'y étoient donc pas. Qu'on ſuive cette égliſe dans tous ſes progrès & l'on verra qu'elle a ſoûmis indiſtinctement à ſes ana

C

thêmes tous ceux qui s'écartoient de sa doctrine, en quelque point que ce fut. Mais il n'en est pas de même de l'Eglise réformée. Elle fait grace à toutes les erreurs qui ne sont pas fondamentales, & ne fait point difficulté de recevoir dans son sein tous ceux qui s'en abreuvent.

Pénétrons, s'il se peut, dans les raisons qui obligent Dieu à punir certaines erreurs & à faire grace aux autres. Si quelques-unes trouvent grace à ses yeux, ce ne peut être que par ces deux raisons; ou parce qu'elles sont légeres & peu importantes en elles-mêmes, ou parce qu'elles sont invincibles dans ceux qui les soutiennent. Quelque parti qu'ils prennent, ils ne tiendront jamais devant les Catholiques, qui prendront occasion de leur tolérance pour les erreurs Lutheriennes ou Arminiennes, pour les forcer à l'étendre à toutes sortes d'erreurs, même jusqu'à celles qui sappent le Christianisme jusques dans ses fondemens.

Je ne conçois pas pourquoi Dieu excuseroit plutôt les erreurs qui ne sont pas fondamentales que celles qui le sont. Car si les erreurs sont des péchés, leur gravité en tant que péché ne dépend pas de leur importance, mais des dispositions de l'esprit qui les reçoit. Ce qui fait le péché, en matiere d'erreur, c'est ou une présomption fiere qui ferme les yeux sur tout ce qui

qui pourroit éclairer, ou un orgueil ex-
ceſſif qui refuſe de ſe ſoumettre à la vérité
qui nous eſt communiquée par les autres,
ou une ſotte vanité qui craint de ſe com-
promettre en faiſant l'humiliant aveu de
s'être trompée, ou une fauſſe honte qui
nous retient dans nos premiers ſentimens,
ou une forte préoccupation contre certains
dogmes, qui a ſa ſource dans je ne ſai
quelle haine pour la communion qui les
adopte, ou l'intérêt que nous avons à croire certains ſentimens, qui favoriſent quelqu'une de nos paſſions les plus ſecrettes.
Or ces mauvaiſes diſpoſitions peuvent également tomber ſur des erreurs fondamentales, ou ſur des erreurs non fondamentales. Conſéquemment, le péché doit être
le même, quelles que ſoient les erreurs
auxquelles on ſe livre. L'objet ſur lequel
porte l'erreur n'a aucune influence ſur le
péché. Il naît uniquement des mauvaiſes
diſpoſitions de l'eſprit, qui prononce té-
mérairement ſur des choſes dont il n'eſt
pas inſtruit ; & cette témérité eſt d'autant
plus coupable qu'elle touche aux choſes
mêmes de la religion. La vérité que détruit l'erreur eſt ici une choſe purement ac-
ceſſoire, qui n'augmente pas le péché.
Cela eſt ſi vrai qu'un homme, qui auroit
trouvé par hazard la vérité & qui la croiroit par de mauvaiſes raiſons, leſquelles,
lorſqu'il ſe les rappelleroit, lui feroient
naître dans l'eſprit quelque ſoupçon con-

C 2

tre

tre son sentiment, pécheroit autant que s'il étoit effectivement dans l'erreur. Tant il est vrai que le péché n'est pas dans l'objet erroné qu'on croit, mais dans la maniere dont on le croit! Je ne vois pas pourquoi Dieu auroit d'autres sentimens d'un Chrétien qui croiroit la Bible par la même impulsion machinale que celle par laquelle un Turc croit l'Alcoran, qu'il n'en a de ce dernier. Cette impulsion, ou cette force qui agit sur les esprits pour les appliquer aux objets, étant la même (je dis la même en nombre) dans un Turc que dans un Chrétien, selon notre hypothése, ne peut-être mauvaise dans l'un qu'elle ne le soit dans l'autre, quoiqu'elle produise dans l'un la persuasion de la fausseté, & dans l'autre celle de la vérité. En veut-on savoir la cause? C'est que toute la moralité qui entre dans les actes de notre âme, vient des motifs qui la poussent à les tourner vers certains objets, & que la nature des objets n'y fait rien, telle qu'elle est en elle-même, mais seulement telle qu'elle est envisagée par notre esprit. Si le motif est tout à fait le même dans ceux qui errent, mais qui sont fortement persuadés qu'ils croyent la vérité, que dans ceux qui ont à bon droit la même persuasion, il seroit ridicule de prétendre qu'il est criminel dans les premiers & juste dans les derniers. La nature des objets, comme je l'ai déja dit, n'influe point, telle qu'elle est en elle-même

même, de la moralité dans nos actes ; mais seulement selon qu'elle est estimée telle ou telle par notre esprit. C'est donc un principe constant que la nature des erreurs ne fait rien au péché, comme la nature des vérités ne fait rien au mérite. On peut pécher en suivant la vérité, & mériter en s'attachant à l'erreur. Tout cela dépend de la maniere dont l'esprit dirige ses opérations. Excuser le péché par la nature des erreurs qu'on embrasse, c'est prouver qu'on ignore en quoi consiste le péché.

Si Dieu voit dans un Lutherien ou dans un Arminien la même fierté d'esprit, la même présomption, la même témérité que dans un Socinien, si les ressorts invisibles qui les font agir sont les mêmes ; pourquoi feroit-il grace aux premiers plutôt qu'au dernier ? N'est il pas évident que le péché est égal de part & d'autre, puisque de part & d'autre c'est la même disposition d'esprit, la même en nombre ; car c'est là où porte l'hypothèse. Conséquemment, Dieu ne peut punir dans un Socinien ce secret attachement à ses propres sentimens, qu'il ne le punisse également dans un Lutherien ou dans un Remontrant. Ce qui pourroit mettre en eux quelque différence aux yeux de Dieu, c'est qu'il y auroit plus d'orgueil, plus d'opiniatreté dans un Socinien qui nie les mysteres, que dans un Lutherien & dans un Remontrant qui soutiennent leurs erreurs. Mais ceci dépend de



cette

cette autre queſtion, ſavoir ſi les vérités que nie le Socinien ſont plus clairement exprimées dans l'écriture, que celles aux quelles un Lutherien & un Arminien refu- ſent de ſe ſoûmettre ; & c'eſt ce que nous ne tarderons pas à examiner. D'ailleurs quand même les myſteres qui ſont l'é- cueil où le Socinien vient ſe briſer, ſe- roient plus clairement exprimés dans l'écri- ture que ne le ſont toutes les vérités qui fuyent le Lutherien & l'Arminien, la même difficulté ſubſiſteroit toujours. Car quand il s'agit de peſer l'orgueil, la fierté, l'obſtination, la témérité, c'eſt plus à la clarté relative des vérités qu'il faut faire attention, qu'à leur clarté abſolue. Cha- que eſprit, comme l'on ſait, a ſon téleſ- cope. Il ſe pourroit qu'un Socinien fût affecté plus vivement par les Sophiſmes avec leſquels il combat les myſteres, que le Lutherien ne l'eſt par ceux avec leſquels il attaque les vérités qui éclairent le Cal- viniſte. Dans cette ſuppoſition, le Soci- nien ſeroit moins coupable que le Luthe- rien. Et pour dire quelque choſe de plus, il pourroit être qu'un deïſte, qui rejette le Chriſtianiſme pour s'en tenir à la ſeule religion naturelle, eût moins de fierté & de préſomption dans l'eſprit qu'un Luthe- rien qui ne veut pas démordre de ſes ſen- timens. Tout cela eſt relatif, comme l'on voit, au caractere d'eſprit qu'on a reçu de la nature.

Mais

Mais une raiſon plus forte, plus con-
cluante & plus déciſive, c'eſt qu'il y a dans
celui qui nie les vérités les moins importantes contenues dans l'écriture, le même
mépris formel de l'autorité divine, que
dans celui qui renverſeroit les fondemens
de la religion. En effet, toute vérité, par
cela même qu'elle eſt contenue dans l'écriture, eſt fondée ſur une autorité divine : & comme cette autorité dans tout ce
qu'elle dit eſt entierement égale & qu'elle
mérite le même reſpect, il eſt viſible qu'à
cet égard une égale néceſſité eſt impoſée à
tout Chrétien d'ajouter foi à toutes les
vérités qui en émanent. Ce qui rend reſ-
pectables à nos yeux les vérités révélées,
c'eſt le ſceau dont Dieu lui-même les a
marquées. Or toute propoſition divinement inſpirée porte ce ſceau Elle eſt donc
pour nous également reſpectable, quelque
ſoit l'objet ſur lequel elle roule. Chaque
Chrétien eſt obligé, en vertu de la fidélité
qu'il a vouée à J. C. ſon Roi, de croire
que tout ce qu'il dit dans le Nouveau
Teſtament où ſont contenues ſes loix,
eſt véritable, comme auſſi de reconnoître,
que tout ce qu'il y preſcrit eſt bon & juſte.
Autant donc que la négligence, l'opiniâtreté, ou quelque autre défaut volontaire
aura de part aux mépriſes qu'on fera en
prenant mal le ſens de ce qui eſt écrit dans
ce livre ſacré, ou en violant les comman-
demens qui nous y ſont impoſés, Dieu le

C 4

juſte

juste juge de tous les hommes qui ne peut être trompé, le manifestera au dernier jour, pour infliger aux coupables la peine qui leur est due.

Il est ridicule de se rejetter sur des loix plus ou moins importantes. *Que la moindre loi*, comme raisonne fortement Locke dans son Christianisme raisonnable, *vienne à être violée d'une maniere qui emporte un desaveu formel de l'autorité du législateur, il est visible qu'une telle desobeïssance détruit toute la force de la loi par rapport à celui qui transgresse ce seul article, & l'exclut lui-même de cette communauté & de tous les priviléges qui y sont attachés. Ne pas croire, par exemple, ce que J. C. a révélé, soit qu'il s'agisse d'un point peu considérable ou de grande importance, c'est mettre en question sa véracité, c'est anéantir sa mission, nier son autorité, déclarer nettement qu'il n'est pas le Messie, & renverser par conséquent l'article fondamental, dont la créance rend un homme Chrétien. Les saints écrits, qui ont été divinement inspirés, étant également d'autorité divine, doivent être tous également fondamentaux, & crus nécessairement dans chacun des articles qu'ils contiennent, si ce qu'ils sont inspirés de Dieu est une raison pourquoi chaque proposition contenue dans ces sacrés livres doit être crue nécessairement.*

Que penserons-nous de ceux qui nous donnent des Catalogues d'articles fondamentaux, qu'ils étendent ou resserrent plus ou

ou moins, fuivant le fyftême théologique
qu'ils ont embraffé ? Que font-ils autre
chofe, finon d'y inférer des articles qu'ils
trouvent bien prouvés dans les écritures.
Mais quand une fois ils ont commencé,
ils n'ont aucune raifon de s'arrêter. Car
les paffages de l'écriture, qu'ils omettent
je ne fai pourquoi, font auffi bien d'autorité divine, & par conféquent tout autant
fondamentaux que ceux qu'il leur a plû
d'extraire de l'écriture, quoiqu'ils ne s'accordent peut-être pas fi bien avec leurs fyftêmes particuliers. Toute propofition divinement infpirée, par cela même qu'elle
eft telle, a droit d'entrer dans la lifte des
articles qui fubjuguent ma raifon. Il y a,
en vérité, bien de la hardieffe, à déterminer les articles dont la créance importe néceffairement au falut, & ceux à l'égard defquels on peut errer impunément. Cet article, me dites-vous, eft clairement révélé
dans l'écriture ; & cependant vous m'affu-
rez qu'il m'eft libre de le croire ou de le
rejetter fans que pour cela Dieu me condamne. Qui êtes-vous, pour ofer me jufti-
fier fur un article que j'ai droit de combattre même de mauvaife foi, avec fierté, avec
opiniâtreté, fous pretexte qu'il n'eft point
un de ceux que vous appellez fondamentaux ? Je ferois bien téméraire de m'en repofer fur une décifion qui n'eft point dans
l'écriture. Je vous défie de me citer un
paffage de l'écriture, où il foit dit qu'il y

C 5

a

a des erreurs volontaires qui font innocentes. Car c'eft de quoi il s'agit entre nous dans le préfent article.

Il paroît que les Proteftans fe font trop avancés, en accordant que Dieu tolere des erreurs volontaires qui attaquent des vérités révélées. Avec un tel principe on peut les mener loin. D'ailleurs, qui pourra fixer dans les vérités ce degré d'importance qui eft néceflaire pour rendre aux yeux de Dieu les erreurs inexcufables ? Si Dieu a voulu que nous euffions tout notre falut, & autant le commencement que la fin à la grace de J. C. & que ce foit là le principal fruit de fa mort pourquoi tolereroit-il l'erreur qui nie cette vérité ? Et pourquoi, vous Proteftans, n'en faites-vous pas un crime aux Lutheriens qui en font coupables ? Pareillement, fi J. C. a voulu fe rendre réellement préfent felon fon corps & felon fon fang dans le pain & dans le vin de l'Euchariftie, comment n'a-t-il pas voulu nous obliger à reconnoître une préfence fi merveilleufe, & à lui rendre graces d'un témoignage fi étonnant de fon amour ? Et comment prétendez-vous que les Lutheriens, qui reconnoiffent cette préfence, vous fupportent, vous qui loin de la reconnoître, en faites le fujet de vos railleries & felon eux de vos blafphêmes ? Ce feroit, en vérité, être trop profane, que de pouffer l'indifférence jufques-là, & de croire que, fi J. C. a voulu être préfent

avec

avec toute la réalité que croit le Lutherien, cela puisse devenir indifférent à ses
fidelles. Avouez que vous n'avez ni régles ni principes pour décider de l'importance des articles révelés, que vos passions
& vos préventions sont ici les seuls juges
que vous suivez. Sans cela, le Dogme
monstrueux de l'ubiquité constamment
enseigné par les Lutheriens; celui qui attribue à l'homme le commencement &
par-là tout l'ouvrage du salut; celui qui
nie la nécessité des bonnes œuvres au Salut, & qui pose pour maxime qu'on est sauvé sans les vertus, sans leur exercice, sans
celui de l'amour de Dieu: Tous ces Dogmes, abhorrés parmi vous & si cheris des
Lutheriens, n'auroient pas trouvé grace à
vos yeux. Mais quelque soit leur excès &
leur énormité, ils deviennent supportables
par cela seul qu'ils ont la marque du Lu-
therianisme, lequel rend tout sacré & invio-
lable. Si ces monstres d'erreurs s'ensei-
gnoient parmi les Catholiques, la haîne
dont vous brûlez contr'eux les auroit bientôt transformés en autant d'erreurs fondamentales. Que la haîne de religion est un
mauvais juge! elle pèse les erreurs avec u-
ne balance trompeuse & inégale.

2. Si les Protestans se jettent sur l'invin-
cibilité des erreurs, pour rendre raison de
cette indulgence que Dieu a pour elles,
ils ne feront pas moins vivement pressés
par les Catholiques, qui leur demanderont
rai;

raifon de cette tolérance qu'ils ont pour les Lutheriens & les Arminiens, tandis qu'ils la refufent aux Romains & aux Sociniens. Si le défaut de clarté excufe les premiers dans leurs erreurs, parce qu'ils y font de bonne foi; pourquoi les derniers ne trouveront-ils pas leur excufe dans la même bonne foi, produite par le défaut de clarté dans la révélation ? Un Proteftant feroit bien embarraffé à démontrer qu'il eft plus impoffible à un Socinien d'être de bonne foi dans fes erreurs, qu'il l'eft à un Lutherien d'être dans les fiennes. Quoi! le Dogme de la préfence réelle, *qui conduit à des prodiges, à renverfer les loix de la nature, l'effence des chofes, la nature de Dieu, l'écriture fainte, à nous rendre mangeurs de Chair humaine*, car c'eft dans ces termes que vous vous exprimez au fujet de ce Dogme, ce Dogme, dis-je, & celui de l'ubiquité qui fous un autre nom ramenent l'Eutychianifme, feroient-ils donc moins clairement démentis par l'écriture, que ceux qui renverfent les myfteres de la Trinité & de l'Incarnation ? Si vous ne faites pas grace aux Sociniens, qui rejettent ces deux myfteres ; pourquoi vous montrez-vous plus indulgens envers les Lutheriens qui reçoivent les Dogmes monftrueux de la préfence réelle & de l'ubiquité ? Si les erreurs des Lutheriens font revêtues de quelque couleur de vraifemblance, penfe-t-on qu'elle manque ab-
folu-

folument à celles des Sociniens ? Qui ne fait quelles terribles objections on a à effuyer de la part de ceux qui dreffent leurs batteries contre les myfteres ? Les fubtilités ingénieufes d'un Crellius ont de quoi exercer l'habileté de l'homme le plus profondement verfé dans les écritures. Elles ont beau appuyer les myfteres, la raifon de l'homme, qu'ils paroiffent renverfer, a beaucoup de peine à s'y foumettre. Le fens naturel qui la bleffe la force en quelque façon de recourir au fens figuré & métaphorique. Les Proteftans doivent d'autant moins le trouver mauvais, que ce font eux qui les premiers leur ont donné l'exemple ; car ils ne font précifement à l'égard de tous les myfteres, que ce que ceux-ci font à l'égard de la préfence réelle.

Vous vous croyez en droit, dit le Socinien aux Proteftans, de rejetter la réalité, parce qu'elle vous paroît renverfer les plus pures idées de la raifon & les principes les plus inconteftables de la Philofophie, & en cela vous faites très bien : mais pourquoi n'aurois-je pas le même droit fur la trinité, l'incarnation & les autres myfteres, qui me paroiffent également heurter l'une & l'autre. Si vous me dites que tout votre efprit, tous vos fens fe révoltent contre la réalité, je vous en livre autant pour tous les myfteres impénétrables à ma raifon. Pour éviter la vio-
len-

lence que la lettre fait à la raison & au sens humain, vous détournez à un sens figuré & métaphorique ces paroles, *ceci est mon corps.* Je vous déclare, que c'est le même motif qui me fait appliquer le sens figuré & métaphorique à ces paroles, *le verbe étoit Dieu, le verbe a été fait chair.* Vous voulez que je fasse taire ma raison & mes sens, quand il s'agit de la Trinité & de l'Incarnation ; que ne prenez-vous ce conseil pour vous-mêmes, quand vous êtes aux prises avec les Catholiques sur l'Eucharistie ? Vous ne pouvez concevoir, dites vous, un homme qui est en plusieurs lieux à la fois, qui est tout entier dans un point, qui se met à la place d'une substance anéantie sans remplir cette place, qui n'agit sur aucun de vos sens, qui est enveloppé des accidens du pain sans les soûtenir, ni sans qu'aucune autre substance leur tienne lieu de sujet. Vous dites que vous n'avez aucune idée d'un homme de de cette espéce, & que vous concevriez aussi-tôt un cercle quarré que cet homme là. Mais pourquoi, s'il vous plaît, voulez-vous que je conçoive plùtôt une nature terminée par trois Hypostases, la divinité & l'humanité réunies sous une même personne, l'imputation d'une faute qui nous est étrangere & qui pourtant nous est propre, des momens de foiblesse punis par des supplices éternels & cela par un Dieu bon ? Si votre esprit souffre tant de

vio-

violence de la préfence réelle, croyez que le nôtre n'en fouflre pas moins de tous ces myfteres que vous avez retenues. Vous prétendez que la réfiftance de la raifon n'eft pas la même contre la Trinité & l'incarnation, que contre la réalité ; mais c'eft fur quoi nous ne convenons pas avec vous. Le Catholique vous démontre, ce femble afiez bien, que vous ne faites que répéter contre la réalité ce que nous allé-guons contre les autres myfteres. Par quelle loi voulez-vous, que les mêmes raifonnemens qui font bons dans votre bouche, ceffent de l'être lorfqu'ils font dans la nôtre ? Interrogeons un Philofophe qui n'ait pris aucun engagement de parti, un Déifte, fi vous voulez : il vous dira que fa raifon n'eft pas plus accablée des difficultés que fait naître la préfence réelle, que de celle dont font environnés les autres myf-teres. L'écriture ne vous donne pas fur nous plus d'avantage par rapport aux myf-teres, qu'elle n'en donne aux Catholiques fur vous quand il s'agit de la préfence réelle. Vous ne vous défendez bien con-tr'eux qu'en appellant à votre fecours la raifon ; & c'eft alors que vous regagnez ce que vous aviez perdu. Il en eft de même de nous par rapport à vous. Quand vous procedez contre nous par l'écriture, vous avez alors fur nous une fupériorité que nous vous faifons bientôt perdre, lorf-que nous vous rappellons au tribunal de la

rai-

raifon.　Ceux qui ont jetté les premiers
fondemens de la Réforme n'y ont rien en-
tendu.　Luther foulagea le fens humain,
en ôtant le changement de fubftance ; mais
ce fut une foibleffe en lui de ne pouvoir
fe défaire de la préfence réelle.　Zuingle
& Calvin, plus hardis il eft vrai que
Luther, ne formerent auffi que des pas
chancelans & irréfolus.　Ils foulagerent le
le fens humain de la préfence réelle, ce
que Luther n'avoit pas eu le courage de
faire, parce qu'il étoit abbatu par la force de ces paroles, *ceci eft mon corps* ; mais
ils ne firent pas affez.　Au lieu de s'arrêter en fi beau chemin, ils auroient du
pouffer la Réforme jufqu'aux myfteres de
la trinité, de l'incarnation, du péché o-
riginel, de l'éternité des peines, ils auroient du décharger la raifon du poids de
tous ces myfteres également incompréhen-
fibles.　Il falloit affranchir l'efprit de tous
les myfteres ou ne toucher à aucun.　Il
y a de la pufillanimité à s'effrayer des conféquences qui naiffent d'un principe qu'on
a pofé.　Il faut s'y livrer en gens intrépi-
des, & ne pas reffembler à ceux qui fe
méfiant de leurs bras & craignant la profondeur des eaux, comme parle un auteur
moderne, demeurent toûjours fufpendus
à des branches, dont ils fentent toute la foibleffe & aux quelles ils aiment mieux demeurer accrochés, que de s'abandonner
au torrent.　Tel eft votre état, ô Lutheriens

riens & Calviniftes? Puifque vous avez tant fait que de rejetter la préfence réelle des Catholiques Romains, vous n'avez point d'autre parti à prendre que de faire main baffe fur tous les myfteres, qui ne choquent pas moins la raifon. Il ne peut y avoir qu'un vieux préjugé qui vous parle en leur faveur. Faites le taire à notre exemple; & ne faites point dire au monde, que votre Réforme n'eft qu'une ébauche & comme une aurore de Réforme. Ce n'eft que chez nous qu'elle fe montre dans tout fon jour.

En voilà bien affez pour montrer d'une maniere fenfible, que le Socinien a le même droit que le Lutherien de demeurer impunément dans fes erreurs. Peut-être l'avantage eft-il du côté du Socinien. Car fi, comme les Calviniftes le prétendent, l'écriture combat fortement la préfence réelle & fur tout l'ubiquité, le Lutherien, qui outre ces difficultés de l'écriture, a encore à réfoudre celles de la raifon, trouve dans les unes & dans les autres un puiffant fecours pour fortir de fon erreur: au lieu que le Socinien balance par la raifon même les difficultés de l'écriture qui lui propofe la créance de tous les myfteres contre lefquels il fe roidit. Donc le Socinien eft plus excufable dans fes erreurs que le Lutherien, & conféquement plus digne de tolérance. Il feroit inutile de répliquer que les erreurs du focinien attaquent les fonde-



mens

mens du chriftianifme, ce qu'on ne peut dire des erreurs du Lutherien. Nous avons répondu par avance à ce vain fubterfuge.

Tant qu'on fuppofera ce principe, que dans le fein du Chriftianifme même il peut y avoir par rapport à cette religion des erreurs de bonne foi, on ne pourra plus fixer à quelles erreurs cette bonne foi s'arrêtera. On pourra errer de bonne foi par rapport au Chriftianifme même, comme on le fuppofe par rapport aux vérités qu'il enfeigne. La vérité du Chriftianifme n'eft pas plus clairement empreinte dans les divers motifs de crédibilité qui l'établiffent, que la vérité de fes dogmes l'eft dans les écritures, qui paroiffent aux Réformés de la derniere évidence, puifqu'elle frappe jufqu'aux perfonnes les plus fimples & les plus idiotes. Le deïfte eft un adverfaire peut-être plus redoutable que l'hérétique. Il femble même qu'il foit plus aifé de conduire un Chrétien pas à pas jufqu'aux pieds de nos autels, que de faire entrer un infidèle dans le veftibule du Chriftianifme. Sans l'éclat des miracles qui l'accompagnerent dans fa naiffance & fans cette foule de prédictions, dont l'accompliffement diffipoit l'obfcure nuit qui les avoit jufqu'alors enveloppés, il n'eût jamais fait des conquêtes fi rapides. L'efprit ne fe fût jamais accoutumé à plier la fierté de fa raifon fous des myfteres dont la hauteur l'étonne, & dont le poids majeftueux tieux l'accable. Maintenant que ces faits, qui conſtatent la divinité du Chriſtianiſme, ſont ſéparés de nous par l'eſpace de pluſieurs ſiécles, on ſent qu'un eſprit ſoupçonneux ſe remplit de difficultés par rapport à leur certitude, qu'un ſi grand éloignement de leur ſource ſemble dégrader & affoiblir. Ceux qui ont affaire avec les deïſtes, n'ignorent pas combien il leur en coûte de peines pour détruire leur ſcepticiſme hiſtorique. Il peut donc arriver qu'ils ſe préviennent tellement par les difficultés qui naiſſent de la maniere dont on peut vérifier les faits & ſur tout des faits miraculeux, qu'ils ne puiſſent être convaincus, & qu'ils apportent dans leur défenſe autant de réſiſtance que les Lutheriens & les Remonſtrans en apportent, lorſqu'ils ſont attaqués par les rigides Calviniſtes. Qu'on me faſſe voir qu'un Luthérien & un Arminien ſoutiennent de meilleure foi les erreurs de leur ſecte, que le Socinien, le Juif, le Muſulman, le deïſte ne combattent pour les leurs; & alors je conviendrai que les premiers ſont plus dignes de tolérance que les derniers. Mais c'eſt une tâche que les Proteſtans ne rempliront jamais. L'écriture alors ne ſeroit plus ſi claire qu'ils l'ont ſoûtenu fort & ferme contre les Catholiques. Voici donc le terrible dilemme qu'ils ont à réſoudre. Ou l'écriture eſt claire dans tous ſes points, ou elle ne l'eſt pas. Si elle l'eſt, le Lu


the·

therien & le Remontrant ne peuvent se
roidir contre les vérités qu'elle enseigne, que
par une mauvaise foi qui ne les disculpe
point aux yeux de Dieu ; par conséquent
ils ne méritent pas que vous les tolériez.
Si elle ne l'est pas, elle n'est donc plus la
régle de la foi des fidéles ; à moins que
vous ne prétendiez qu'ils ne sont obligés
à croire que ce qu'ils trouvent clairement
exprimé dans elle ; ce qui anéantit sans ressource la foi à tous les mysteres, n'y en
ayant aucun qui ne soit vivement attaqué
par quelque secte. Ce sentiment est assez
commun dans la Réforme. Je ne tarderai
pas à en faire sentir les terribles consé-
quences.

## CHAPITRE VI.

*Que les principes de la Réforme l'obligent à
tolérer toutes sortes d'erreurs.*

C'Est un principe dans la Réforme, que
l'écriture sainte est l'unique régle de
la foi des Chrétiens, & qu'il n'y a sur la
terre aucun interpréte infaillible de cette
même écriture, aucune autorité vivante &
parfaite, capable d'en déterminer le vrai
sens & de fixer l'esprit sur les Dogmes qui
composent le Christianisme. Tel a été le
fondement, le génie de la Réforme. Con-
sé-

féquemment à ce principe, on peut toucher à toutes les décilions de l'Eglife, &
les rappeller à l'examen de l'écriture, parce que l'églife peut fe tromper dans fa
Doctrine, & qu'elle n'a aucune promeffe
d'une affiftance infaillible du St. Efprit.
Ceci une fois admis, il eft évident que
chaque particulier a un droit égal d'inter-
préter l'écriture, & qu'il n'eft tenu de fe
foûmettre à la décifion de qui que ce foit.
Il en eft de ce droit, comme de celui a-
vec lequel nous naiffons tous avant l'éta-
bliffement de toute fociété. Or de même
que ce droit naturel nous rend tous égaux
dans nos prétenfions, encore que nous
n'ayons pas reçu de la nature les mêmes
talens & la même fagacité, de même fommes-
nous tous également fondés à ne fuivre pour
régle de notre foi que l'interprétation que
chacun de nous donne à l'écriture, quoique nous n'ayons pas tous l'efprit également pénétrant.

Vous êtes plus habile que moi, je le
veux ; vous êtes pleinement inftruit des
langues favantes, vous êtes théologien
de profeffion, un grand docteur enfin ;
mais avec toutes ces brillantes qualités, vous
n'êtes pourtant qu'un homme fujet à vous
tromper comme moi, qui n'ai l'avantage
ni d'être favant dans les langues, ni d'ê-
tre philofophe, ni d'être théologien. Je
ferois téméraire de m'en raporter à votre
décifion, qui n'eft peut-être que l'effet de


vo-

votre prévention. Car vous autres gens d'esprit, vous en êtes, à ce que l'on dit, plus fortement dominés, que n'est le vulgaire ignorant. Ce font du moins là les reproches que vous vous faites les uns aux autres. Tout ce que vous avez de subtilité, de force & de pénétration dans l'esprit, vous le faites servir, non à découvrir la vérité, mais à ne vous pas rendre aux objections de votre adversaire, qui deviendroit fier de la victoire qu'il remporteroit sur vous. On n'accueille jamais bien une vérité qui nous est préfentée par les mains de notre rival, maxime qui a encore plus lieu dans la religion que dans toute autre matiere.

D'ailleurs ce préjugé que votre science vous donne sur mon ignorance, est balancé par d'autres Docteurs comme vous, qui penfent tout différemment. Dans cet état d'équilibre, où je ne puis pancher ni pour vous ni pour votre antagonifte, le meilleur parti que j'aye à prendre, c'est d'oublier de mon mieux les divers fens que vous donnez l'un & l'autre aux paffages de l'écriture, pour ne m'attacher qu'à celui que ma raifon m'y fait apperçevoir en la lifant attentivement. Je vous déclare qu'il m'est impoffible de voir dans l'écriture les doctrines que vous y trouvez. Dites moi maintenant, fi vous l'ofez, quel droit vous avez fur mon efprit, pour le faire plier à votre fentiment? Si votre autori-

torité eft une raifon fuffifante pour que je
fois obligé de croire, il eft fort inutile de
me recommander la lecture de l'Ecriture.
Que ne me donnez-vous plutôt une lifte
de toutes les doctrines que vous croyez
renfermées dans ce facré livre, afin que
je me hâte de les croire, comme difoit
plaifamment le Comte de Grammont.
Qu'eft-il befoin que je les aille chercher
dans l'écriture, où je ne les trouverai peut-
être point, puifque je fuis également obligé de les croire, que je les y trouve ou
non?

Vous dites que c'eft ma prévention qui
m'empêche de voir ce qui faute aux yeux de
tout homme qui n'en a point. Cela peut
être. Mais pourquoi, s'il vous plaît, voulez-vous que je mette la prévention plutôt de mon côté que du vôtre? Il eft affez
plaifant que vous m'obligiez de penfer plus
mal de moi que de vous. Si dans ce dé-
mêlé qui nous divife il faut qu'il y ait de
la prévention d'un des deux côtés, j'aime
en vérité mieux la mettre fur votre compte que fur le mien. Qui êtes-vous pour
avoir plutôt que moi l'efprit fermé à toute
prévention? Soufffrez que j'aie auffi bonne
opinion de moi que vous pouvez l'avoir
de vous. Vous trouveriez fans doute mauvais que je vouluffe dominer fur votre
efprit. Pourquoi voulez-vous que m'ou-
bliant moi-même je ne condamne pas en
vous cette entreprife du vôtre fur mes fen-


ti-

timens! Ni vous ni moi ne fommes infaillibles. C'eſt une raiſon pour que nous
nous en tenions à ce que chacun de nous
aura décidé. Je puis m'être trompé, la
même choſe peut vous être arrivée. C'eſt
le fort de l'humanité. Nous aurions également tort de nous traiter d'hérétiques.
Si vous me donnez ce nom, parce que je
rejette vos articles de foi, je dois vous ré-
galer du même tître par ce que vous êtes
rebelle à mes déciſions. Prouvez moi que
vous, qui êtes *faillible*, vous avez, pour
captiver mon entendement, un droit dont
vous me dépouillez à votre égard. Quoi!
J'aurai fecoué le joug de l'égliſe romaine
& de ſes conciles les plus nombreux, pour
courber ma tête fous celui que vous voulez m'impoſer! Vous ne me croyez pas fans
doute aſſez ſtupide. Qui que vous ſoyez,
vous ne revendiquerez jamais une autorité égale à celle à laquelle nous avons é-
chappé. Ni Luther, ni Calvin, ni Go-
mar, ni Arminius, ni le Synode de Dord-
recth, ni la confeſſion d'Ausbourg ne
m'en impoſent point; ce font là de trop
foibles liens pour me retenir, moi que
vous avez appris à en briſer de bien plus
forts. Je ne ſuis point chrétien, parce que
Luther & Calvin l'étoient: mais je le ſuis
parce qu'il me paroît raiſonnable de l'être.
Ma foi n'eſt à la merci d'aucun docteur.
C'eſt de J. C. que je prétens être diſciple,
& non de Luther & de Calvin qui ne font
pour moi que des hommes. Qui

Qui es-tu, m'allez-vous dire, pour attaquer Luther & Calvin, ces deux grands hommes, ces chefs de la Réforme ? Es-tu donc plus éclairé qu'eux ? Que m'importe, vous répondrai-je, qu'ils aient été plus éclairés que moi ? Je ne me rendrai pas pour cela plutôt à leur autorité, qui, parce qu'elle n'est qu'humaine, ne peut être que fragile & caduque en fait de religion. S'ils se sont tous crus en droit d'innover à leur gré dans la foi reçue de leur tems dans l'église, pourquoi me priverois-je moi de la même liberté ? Par leur exemple ils m'ont appris à ne respecter que l'écriture & non le jugement des hommes. Ils ont je le veux, rendu aux hommes l'usage de la raison qui leur avoit été interdit pendant tant de siécles. Mais qu'en conclurrez vous ? Je suis à peu près dans le cas de ces philosophes qui ont l'obligation à Descartes, ce restaurateur de la philosophie, d'avoir brisé les entraves, où la raison foible & rampante languissoit sans force & sans vigueur sous l'autorité d'Aristote. Mais si Descartes se fût mis à la place d'Aristote, & qu'il eût régné dans les écoles avec le même despotisme que le philosophe grec le faisoit autrefois, vous conviendrez que c'eût été le même inconvenient, & que cet entêtement pour les opinions du philosophe françois n'auroit pas moins retardé les progrès de la philosophie, qu'ils l'avoient été pendant tout le tems qu'Aristote avoit dominé.

D 5

Par

Par la même raison, fi difciple de Luther ou de Calvin je n'ofois, enchaîné par leur autorité ne penfer que d'après eux, autant vaudroit-il que je fuffe refté fous le joug de l'églife romaine, dont ils n'égaleront jamais l'autorité, s'il eft vrai que ce foit elle qui doive me maîtrifer en fait de religion. Je prendrai donc, fi vous le voulez bien, à l'égard de Calvin la même liberté qu'il s'eft donnée lui-même à l'égard de Luther. Je ne conçois pas pourquoi étant faillible comme moi je ferois obligé de l'en croire fur ce qui révolte ma raifon.

Je vous en avertis, je ne puis fur fa parole recevoir le dogme de la certitude & de l'inamiffibilité de la juftice. Si tout prédeftiné a cette certitude, le Lutherien, qui a le bonheur de l'être, devroit donc l'avoir; & cependant il l'a fi peu, qu'il regarde comme hérétique le Calvinifte qui a décidé cet article contre les Remontrans. Je ne croirai point non plus que Dieu nous préordonne au péché, qu'il nous pouffe aux crimes énormes, qu'il n'y a pour nous tous qu'une fatale & inévitable néceffité, où le bien & le mal fe trouvent également compris. Non je ne puis aimer le Dieu de Luther & de Calvin. C'eft un tyran qui fe plaît à tourmenter fes créatures, & qui, pour avoir droit de les punir, les pouffe lui-même dans le précipice.

Le dogme de l'infaillibilité une fois anéanti, il n'eft poffible ni à aucun homme ni à aucucune fociété, de s'affurer du vrai fens des écritures. On ne peut avoir fur cela que des conjectures plus ou moins grandes, qui augmenteront en raifon des degrés d'efprit & d'érudition de ceux qui travailleront à le fixer. Il feroit inutile de recourir à la grace. La donner ici pour le dénouement des difficultés dont fourmille l'écriture, c'eft imiter ces poëtes, qui dans l'embarras de leurs intrigues recouroient *ad deum ex machinâ*. La grace n'augmente point en nous l'efprit, la mémoire, l'imagination ; elle ne nous apprend point l'Hebreu ni le Grec, ni les régles du raifonnement, ni les folutions des fophifmes, ni les faits hiftoriques. Quoique Dieu agiffe en nous par fa grace pour éclairer notre entendement & foumettre notre volonté à ce qu'il nous a révélé ; néanmoins, pour empêcher les hommes de feindre ou d'imaginer une infpiration, qui en feroit des fanatiques & des Enthoufiaftes, il a foin de la faire marcher avec certains moyens de fait, qu'ils ne puiffent ni feindre en l'air fans être convaincus de faux, ni imaginer par illufion. Les moyens extérieurs, fous lefquels il voile fa grace, font les inftruétions de vive voix & par écrit, l'étude des langues, les raifonnemens, les difputes. Ce font là les vrais moyens capables de produire dans l'efprit une conviétion raifonnée, la feule digne de l'homme. Pour celle qui naîtroit d'une direétion immédiate de Dieu, qui feroit prononcer aux hommes machinalement la vérité, fans leur en montrer une

preu-

preuve néceſſaire, je ne ſaurois la qualifier par un autre nom que celui d'enthouſiaſme. Il n'y a fanatique qui ne puiſſe feindre ce reſſort inconnu qui le pouſſe imperceptiblement d'un certain côté.

L'ordre, auquel Dieu lui même ſoûmet ſa grace, eſt tel, que celui dont elle éclaire l'entendement & fléchit la volonté, n'apprend qu'il y a eu un J. C. que par la lecture de l'évangile, ou par le témoignage des hommes; de même qu'un écolier n'apprend les ſentimens de Platon, qu'en liſant ſes œuvres ou ceux des auteurs qui en ont parlé dans les divers fragmens qu'ils en rapportent. N'attendez pas que les nations hyperborées embraſſent l'évangile, avant qu'on aille le leur annoncer. Tel eſt auſſi l'ordre de la nature, que plus un homme aura d'eſprit & d'étude, plus il aura de lumieres & de connoiſſance de la religion. Un homme peut avoir plus de zéle qu'un autre, être meilleur chrétien, être prévenu par des graces plus particulieres, & cependant n'être qu'un ſot. Lui conviendroit-il de deſcendre dans l'arêne, & d'y attaquer les impies, les hérétiques? Non ſans doute, il doit ſe contenter d'élever ſes mains vers le ciel, & abandonner la défenſe de la religion à ces athlétes pleins de nerfs & couverts d'une bonne cuiraſſe, en qui la qualité de mauvais Chrétiens ne nuit point à celle de génies ſuperieurs & de raiſonneurs excellens. La certitude qu'on eſt en poſſeſſion de la vérité ſe meſure ſur la con-

noiſ-

noiffance que nous avons des preuves,
des raifons, des folutions, des objeétions.
Or, comme dans toutes les feétes chrétiennes, il y a des hommes de beaucoup d'efprit, qui ne conviennent point entr'eux du
fens qu'il faut donner aux endroits obfcurs
de l'écriture; que la faufleté prend un air
de vérité toutes les fois qu'elle eft maniée
par un homme de génie; que l'erreur a
comme la vérité fes armes offenfives & def-
fenfives, qu'elle employe quelquefois avec
plus d'adreffe & de fubtilité que fa rivale ; il
arrivera donc qu'on ne faura jamais à quoi
s'en tenir en matiere de religion. Chacun fui-
vra la pente & le temperament de fon génie,
avec lequel certains dogmes auront plus
de proportion. Suivant qu'il fera affeété,
il croira tels ou tels dogmes. S'il eft de
ces hommes à idées fombres, il fe plonge-
ra dans les fyftêmes, où l'on oublie presque la bonté de Dieu pour ne s'occuper
que de fa juftice. Si fa façon de penfer eft
plus enjouée, plus humaine, les dogmes
qu'il embraffera s'en reffentiront, ils en
porteront une forte teinture ; il aura plus
en vûe un Dieu miféricordieux qu'un Dieu
vengeur. Si quelqu'un de ces hommes,
qui ne croyent point à une églife infaillible,
me propofoit de croire les dogmes de fa
feéte avec cette ferme perfuafion qu'ils font
vrais, je lui montrerois les dogmes oppo-
fés foutenus dans tous les tems par des
perfonnages recommandables par leur favoir, leur piété, leur vertu. S'il me parloit

loit d'un Claude, d'un Jurieu, je lui opposerois un Boffuet, un Nicole. Il ne s'agiroit plus que de favoir qui de Boffuet ou de Claude, de Nicole ou de Jurieu, peferoit le plus dans la balance où nous les mettrions. Cette diverfité d'opinions, dont chacune a pour partifans de très grands hommes, doit tenir en fufpens tout efprit fage & raifonnable. Le fepticifme eft le feul parti qu'il y ait à prendre, dans la fuppofition qu'il n'y ait point d'autorité infaillible. Cet état, je le fai, eft trop violent pour les efprits bouillans, les imaginations ardentes, les hommes foibles. Un auteur moderne de beaucoup d'efprit les caracterife ainfi : *ils aiment mieux hazarder un choix que de n'en faire aucun ; fe tromper que de vivre incertains... ils affûrent tout, bien qu'ils n'ayent rien foigneufement examiné : ils ne doutent de rien, parce qu'ils n'en ont ni la patience ni le courage. Sujets à des lueurs qui les décident, fi par hazard ils rencontrent la vérité, ce n'eft point à tâton ; c'eft brufquement & comme par révélation. Ils font entre les dogmatiques, ce qu'on appelle les Illuminés chez le peuple dévot. J'ai vû des individus de cette efpéce inquiéte qui ne concevoient pas comment on pouvoit allier la tranquillité d'efprit avec l'indécifion.*

L'infaillibilité eft donc le feul moyen par lequel une églife peut s'affûrer qu'elle n'eft point dans l'erreur. Il en eft d'elle par rapport à une autre, comme d'un homme à un autre homme. Delà je conclus qu'elle ne peut

pas

pas plus, fous peine d'anathême, forcer qui que ce foit, à embraffer fes dogmes, qu'un particulier peut en forcer un autre à embraffer les fiens. Elle peut bien, en vertu d'un réglement qu'elle aura établi, ne point confier le miniftere de la parole, ni les chaires de fes Académies à des non-conformiftes. Ainfi l'églife des fept Provinces en ufe-t-elle à l'égard des Arminiens. Elle peut même ne point communiquer avec eux, parce qu'une telle églife eft une *confédération arbitraire & dépendante de la volonté du fouverain.* Telle eft l'idée que les Proteftans nous donnent eux-mêmes de leurs églifes. Si voulez être un de mes membres, dira quelqu'une de ces églifes, il faut que vous receviez le fymbole que je vous mets en mains. C'eft tout comme en forbonne, où l'on admet aucun docteur dans ce corps, qu'il ne foufcrive aux quatre propofitions du clergé & à l'article de l'immaculée conception de la Vierge. Mais comme cette faculté n'eft point infaillible, elle n'exige de ceux qu'elle immatriculife, qu'un confentement extérieur, un filence refpectueux, qui confifte à ne rien dire, à ne rien écrire qui heurte les opinions qu'elle a confacrées. Les églifes proteftantes, par cela-même qu'elles éloignent de leurs affemblées l'infaillibilité, ne peuvent exiger de ceux qui voudront s'incorporer avec elles, qu'un confentement extérieur, un filence refpectueux fur les opinions qu'elles

les proffent. Les Arminiens se trouvent mêlés & confondus en grand nombre avec les Gomaristes dans les églises de la Hollande qui font profession ouverte de la doctrine de ces derniers. Mais comme les décisions du Synode de Dordrecht ne sont pas revêtues du sceau de l'infaillibilité, qui peut seul leur imprimer un caractere sacré; les Arminiens, qui croyent avoir de bonnes raisons pour ne les pas adopter, ne peuvent être regardés comme de vrais hérétiques. J'avoue que l'anathême a été lancé contr'eux; mais comme il n'est point parti d'une main infaillible, ce ne peut être qu'un foudre impuissant qui se perd dans les airs. Aussi les Arminiens paroissent-ils n'en pas faire un grand cas, non plus que leurs adversaires qui les ont condamnés. L'Arminien aura beau lire sa condamnation dans les canons du Synode de Dordrecht, il ne s'en croira pas moins sauvé, quoiqu'il continue d'être attaché à ses premieres opinions. Quelle autorité en effet peut-il rester à une église qui a abjuré l'infaillibilité! Ne sent-elle pas qu'elle dément ses propres principes, toutes les fois qu'elle employe les anathêmes? C'est ce qui est arrivé aux églises réformées. Elles n'ont rien oublié pour imiter ou pour contrefaire l'église catholique romaine. Laissez, laissez, leur disoit-on, ces moyens à Rome, ce sont ses principes naturels qu'elle suit de bonne foi; mais vous qui l'avez

quit-

quittée pour cela-même , pouvez-vous si
vîte oublier vos maximes ? Après avoir fait
un crime à l'église Romaine de vouloir impérieusement dominer sur les consciences,
il vous sied bien de prétendre sur les nôtres
le même despotisme ? Vous êtes en cela
d'autant plus inexcusables que Rome-mê-
me, parce que cette derniere croit du moins
avoir droit de le faire, au lieu que ce droit
passe chez vous pour un attentat. Plus
vous affectez de vous donner d'autorité
contre vos propres régles, moins vous en
avez dans le fond.

Mais si Arminius a pû soutenir en conscience ses dogmes erronés , pourquoi me
seroit-il défendu de l'imiter ? En l'imitant,
je serai tout aussi *orthodoxe* que lui , & je
ne devine pas pourquoi Lelio Socin, Fauste & Episcopius n'auroient pas le même
droit. Arminius , dites-vous , a pû errer
de bonne foi : mais d'où savez-vous que
Socin , Fauste & Episcopius n'errent pas
de la même maniere ? Mais continuez-vous,
ces derniers attaquent les fondemens de la
religion. Hé quoi ? toute proposition divinement inspirée n'est-elle pas également
fondamentale ? Vous seroit-il donc libre de
n'en croire Dieu que sur certains articles
& de rejetter son autorité sur d'autres ?
D'ailleurs, quelle certitude avez-vous que
Socin détruise les fondemens de la religion,
en renversant ce que vous appellez myste-
re & ce qui ne paroît à ses yeux qu'un tissu

E

de

de contradictions étonnantes ? Peut-être a-
t-il mieux deviné le vrai sens des écritures
que vous-même. Ce-ci vous surprend ! mais
votre étonnement doit cesser, si vous dai-
gnez faire attention que c'est une suite de
vos principes. Dès-là que vous ne tenez
point à une autorité infaillible qui fixe le
vrai sens des écritures, il vous est impossible de vous assurer que vous l'avez rencon-
tré. L'exemple de tant de gens qui ont
autant d'esprit que vous, & qui pensent
sur un même passage tout le contraire de
ce que vous croyez, doit vous faire trembler sur vos opinions, & vous rendre dé-
fiant & sceptique jusqu'à l'excès. Vous ne
pouvez puiser dans l'église dont vous êtes
membre une assurance qu'elle n'a pas elle-
même. Ce qu'elle pourroit avoir d'autorité est balancé par celle des autres Eglises.
La faillibilité qu'elles reconnoissent toutes
être leur appanage, doit les engager à se
tolérer mutuellement, & sur-tout à renoncer aux anathêmes dont elles s'accablent
à qui mieux mieux.

„ Rien, dit un homme qui avoit bien
„ pénétré les principes de la Réforme ; cet
„ homme c'est le Philosophe Locke ; rien
„ à mon avis, n'est plus impertinent &
„ plus ridicule dans un homme ou dans
„ une société d'hommes, que de donner le
„ titre *d'orthodoxie* à leurs opinions parti-
„ culieres, comme si leurs systêmes étoient
„ infaillibles & qu'ils dussent être consi-
„ dérés

,, dérés par tout le reste des hommes ,
,, comme la régle constante de la vérité :
,, folle prétenfion qui les porte à s'attri-
,, buer le pouvoir de cenfurer & de con-
,, damner tous ceux qui s'éloignent le
,, moins du monde des opinions qu'ils
,, ont embraffées. Un peu de reflexion fur
,, la fragilité humaine devroit fuffire pour
,, reprimer une telle vanité. Mais puisque
,, cette confideration ne produit pas ce
,, bon effet, & qu'à le bien prendre toutes
,, les focietés religieufes tombent dans cet-
,, te foiblefle, de vouloir impofer aux au-
,, tres la néceflité de recevoir leurs dog-
,, mes particuliers comme les feuls infail-
,, liblement véritables, il fuffit, pour voir
,, le ridicule d'une telle *orthodoxie*, de con-
,, fiderer que chacun fe l'attribue à fon
,, tour. Car chaque focieté ayant un égal
,, droit de s'eftimer foi - même , un hom-
,, me n'a qu'à paffer une riviere ou une
,, montagne pour perdre dans un parti
,, *l'orthodoxie*, dont il fe paroit avec tant
,, de fierté & d'infolence dans un autre ,
,, fe trouvant-là expofé avec autant de juf-
,, tice à de pareils reproches d'erreur &
,, d'héréfie , que d'autres perfonnes fur
,, qui il les répandoit fi libéralement dans
,, fon pays. Quand il paroîtra que l'in-
,, faillibilité a été attachée à un certain or-
,, dre de gens d'une dénomination particu-
,, liere, comme aux fectateurs de *Calvin*,
,, à ceux de *Luther*, de *Socin*, d'*Arminius*,
,, &c.

„ &c. ou que la vérité a été confinée
„ dans un certain coin de la terre, ce fera
„ parmi ces gens-là ou dans ce feul en-
„ droit qu'on aura droit d'employer le ter-
„ me d'*orthodoxie* dans le fens qu'on lui
„ donne préfentement par-tout. Mais juf-
„ qu'alors, on a beau fe fervir de ce jar-
„ gon ridicule, c'eft un fondement trop
„ foible pour foûtenir l'ufurpation qu'on
„ prétend autorifer par-là. Ce n'eft pas
„ que je ne croye que chacun devroit être
„ perfuadé de la vérité des opinions qu'il
„ profeffe. C'eft au contraire ce que je
„ foûtiens expreffément : & entre nous,
„ je crains bien que ces grands défenfeurs
„ de l'*orthodoxie* ne péchent fouvent de ce
„ côté-là. Car en général, nous voyons
„ que ces Meffieurs s'accordent exacte-
„ ment enfemble fur de longues liftes de
„ doctrines qui renferment quantité d'ar-
„ ticles particuliers, comme fi ces notions
„ avoient été, pour ainfi dire, emprein-
„ tes dans leur efprit avec un même fceau
„ jufqu'au moindre trait. Cependant il
„ eft bien difficile, pour ne pas dire im-
„ poffible, de concevoir que cela arrive à
„ des perfonnes qui n'embraffent des opi-
„ nions que par pure conviction. Mais
„ quelque fortement que je fois perfuadé
„ de la vérité de ce que je foûtiens, je
„ fuis obligé en bonne juftice d'attribuer
„ la même fincérité à celui qui foûtient le
„ contraire : & par là nous fommes en
„ mê-

,, mêmes termes. Car cette perſuaſion où
,, l'on eſt de part & d'autre d'avoir trou-
,, vé la vérité, ne donne point à l'un de
,, nous le droit de cenſurer ou de condam-
,, ner l'autre. Je n'ai pas plus de raiſon
,, de maltraiter un homme, parce qu'il n'eſt
,, pas de mon ſentiment, qu'il n'en a de
,, me maltraiter moi-même, parce que ſes
,, opinions ſont différentes des miennes.
,, Je puis le plaindre, & je ſuis obligé de
,, lui communiquer ſincerement mes lu-
,, mieres pour le tirer de l'erreur où je le
,, ſuppoſe. Mais pour ce qui eſt de le
,, mépriſer, de le reprendre avec aigreur,
,, de l'injurier, ou de le maltraiter en
,, aucune maniere, par la raiſon qu'il ne
,, penſe pas juſtement comme moi, c'eſt
,, ce que je ne ſaurois faire ſans injuſtice.
,, Mon *orthodoxie* ne me donne pas plus
,, d'autorité ſur lui, que la ſienne ; car cha-
,, cun eſt orthodoxe par rapport à ſoi ; lui
,, en donne ſur moi-même. Et par conſé-
,, quent, toutes les fois que le terme d'*or-*
,, *thodoxie*, qui ne ſignifie dans le fond
,, autre choſe que les opinions de mon
,, parti, ſert de pretexte pour dominer,
,, comme c'eſt l'ordinaire, il eſt & ſera
,, toûjours très ridicule".
Ce morceau du philoſophe Anglois eſt
très fortement raiſonné ; & je ne vois pas
comment un Proteſtant, fidelle à ſes principes, pourroit ſe deffendre de l'embraſſer
dans toutes ſes conſéquences. Or quelles



ſont

font ces conféquences ? Locke va vous les developper. Il vous dira, que pourvû qu'on reconnoiffe un Dieu & que J. C. eft le Meffie, le Roi, le Sauveur qui avoit été promis & qui a été envoyé de Dieu, il n'en faut pas davantage pour être Chrétien. Quoi, direz-vous, on fera Chrétien avec ces deux articles? Oüi, vous répliquera le modefte Locke; mais ajoutera-t-il, je ne vous difpenfe pas pour cela de lire l'écriture. C'eft parce que vous êtes Chrétien, que vous devez prendre pour règle de votre vie fa volonté, telle qu'elle vous a été déclarée & tranfmife dans les écrits des Apôtres & des Evangeliftes, contenus dans le Nouveau Teftament. Ces livres divinement infpirés doivent être confultés par vous avec le même foin, que les loix du Prince le font par ceux de fes fujets qui font obligés de s'y conformer. Tachez autant qu'il eft en votre pouvoir de les entendre dans leur véritable fens. Si la vérité vous échappe, malgré toute votre attention à l'y chercher, vous n'êtes point refponfable de vos erreurs devant Dieu qui voit votre bonne foi. Si vous la découvrez, tant mieux pour vous; mais elle ne vous donne aucun droit d'infulter à celui à qui elle s'eft cachée. Si c'eft de bonne foi qu'il eft dans fon erreur, Dieu le voit des mêmes yeux que vous qui poffédez la vérité. Si vous lifez le *Chriftianifme raifonnable* de Locke, il ne vous rendra jamais que cette penfée. Gardez-vous
bien

bien de lui parler de cette distinction de
vérités en *néceffaires & non néceffaires*, qui
eft fi fort en vogue dans la Reforme. Il
vous répondra que cette distinction ne peut
avoir lieu par rapport à des vérités toutes
également émanées du St. efprit, & qu'un
homme qui ne croit pas tout ce qu'il a pû
découvrir dans l'écriture, après avoir fait
pour cela de finceres efforts, ceffe d'être
fujet de J. C. Produifez-nous, dira-t-il,
vos lettres de créance qui vous donnent le
pouvoir & l'autorité de nous dire quelles
font les vérités contenues dans l'écriture
fainte, qu'il faut croire néceffairement, &
quelles font celles qu'il n'eft pas abfolument néceffaire de croire? Qui vous a établi juge de cette affaire? Qui vous a donné
le droit de faire cette distinction, de difpo-
fer ainfi des oracles de Dieu, d'exalter les
uns, & d'abaiffer les autres à votre fantai-
fie? Quelques-uns, felon vous, font des
*vérités exquifes.* Et les autres, que font-ils,
je vous prie? Qui vous a chargé de faire
un choix où perfonne n'a droit de choifir?
Vous nous traitez d'hérétiques, d'hommes
fans foi, fans religion, parce que nous refu-
fons d'adopter votre fyftême, c'eft-à-dire, un
*Chriftianifme* que vous avez fabriqué vous-
même, felon les lumieres de votre efprit,
qui, de votre propre aveu, eft fujet à l'erreur. Ce *Chriftianifme* de votre façon, l'ouvrage de vos préjugés, me paroît contenir
des doctrines que je ne faurois concilier

E 4

avec

avec la raison, ni découvrir dans l'écriture
sainte; & vous voulez à toute force que
je l'embrasse, sans quoi je passerai dans votre esprit pour un hétérodoxe! N'est-il pas
visible, qu'en vous attribuant ainsi le droit
de nous dire quelles sont les loix indispen-
sables du Royaume de J. C. vous vous pla-
cez vous-même sur son trône? Il n'est donc
pas uniquement notre docteur & notre maître, puisque vous partagez avec lui ce privilége. C'est un principe de notre Réforme, que tout bon Protestant ne doit point
reconnoître d'autre guide infaillible que
l'esprit de Dieu parlant dans les écritures;
& voilà cependant que vous voulez m'assu-
jettir à vos interprétations, comme si vous
étiez en droit d'entendre & d'interprêter
l'écriture pour moi, tandis que vous me
refusez celui de l'entendre & de l'interprêter pour vous! Ces discours & autres semblables abîment les rigides Protestans, qui
traitent du même air que Rome le pourroit faire, ceux qu'ils voient réfractaires à
quelques-uns des articles de foi qui conviennent le mieux à leur système. Rome,
qui se croit infaillible, a droit d'en agir
ainsi, du moins à l'égard de ceux qui ne
lui contestent pas cette auguste préroga-
tive; mais vous qui prenez l'humble titre
de faillibles, qui êtes-vous pour être si
fiers & si tranchans dans vos décisions?

Au reste cette tolérance de toutes sortes d'erreurs, n'est point un sentiment
pro-

propre à Mr. Locke. Comme il fort du fond, & pour ainfi dire, des entrailles du Proteftantifme, ceux qui raifonnent de tête & conféquemment, n'ont point fait difficulté de l'adopter. En voulez-vous des preuves ? Vous les trouverez dans les témoignages des plus célébres Proteftans que je vais tranfcrire ici ; car ils ont épargné aux Catholiques le foin de tirer de leurs principes les conféquences qui tendent à établir l'indifférence des religions. Voici comme s'exprime fur ce fujet Chilling-Worts célébre Proteftant Anglois.

,, Pour connoître la religion des Protef-
,, tans, il ne faut prendre ni la doctrine
,, de Luther, ni celle de Calvin ou de
,, Melancton, ni la Confeflion d'Aus-
,, bourg ou de Genève, ni le Catechifme
,, de Heidelberg, ni les articles de l'Eglife
,, Anglicane, ni même l'harmonie de tou-
,, tes les confeflions proteftantes : mais ce
,, à quoi ils foufcrivent tous comme à une
,, régle parfaite de leur foi & de leurs
,, actions, c'eft-à-dire, à la *Bible*. Oui, la
,, *Bible*, la *Bible* feule eft la religion des
,, Proteftans. Tout ce qu'ils croient au
,, delà de la *Bible* & dés conféquences *né-*
,, *ceffaires, inconteftables & indubitables* qui
,, en réfultent, eft matiere d'opinion &
,, non matiere de foi". Par ce raifonne-
ment de l'auteur Anglois, voilà toutes les fectes Chrétiennes introduites dans l'Eglife de J. C., puifqu'il n'y en a aucune de ce



nom

nom qui ne faſſe profeſſion de croire la Bible & de la regarder comme la parole de Dieu. Mais cela ſeul ſuffit-il dónc? Non, dit cet auteur, il faut encore faire tous ſes efforts pour croire l'écriture dans ſon vrai ſens, & pour y conformer ſa vie. Mais ſi, à cauſe de la diverſité des temperamens, des génies, de l'éducation & des préjugés inévitables par leſquels tous les eſprits ſont différemment tournés, il arrive qu'on embraſſe des opinions différentes, dont il ne ſe peut que quelques-unes ne ſoient erronées? ,, Qu'à cela ne tienne, vous dira-
,, t-il; c'eſt faire Dieu un tyran & mettre
,, me au deſeſpoir, que de dire qu'on
,, ſoit damné pour cela : il ſuffit pour le
,, ſalut, que chacun, autant que ſon de-
,, voir l'y oblige, tâche de croire l'écri-
,, ture dans ſon vrai ſens". Ce qu'il appuye de ce raiſonnement. ,, En matiere
,, de religion, pour ſe ſoumettre, il faut
,, avoir un juge dont nous ſoyons obligés
,, de croire que le jugement eſt juſte : en
,, matiere civile, il ſuffit d'être honnête-
,, homme pour pouvoir devenir juge ; mais
,, en fait de religion, il faut être infailli-
,, ble. Ainſi n'y ayant point de juge in-
,, faillible ſelon les maximes communes de
,, tous les Proteſtans, il n'y a point de
,, juge à qui on doive ſe ſoumettre en fait
,, de religion. D'où il ſuit que dans ces
,, matieres chacun peut garder ſon ſenti-
,, ment. Je puis garder mon ſentiment
,, ſans

,, fans vous faire tort; vous pouvez gar-
,, der le vôtre fans m'en faire; & tout cela
,, fe peut faire fans nous apporter à nous-
,, mêmes aucun préjudice". Mais quoi,
fi les erreurs font fondamentales, fera-t-
on encore fauvé, en les niant. Vraifembla-
blement vous ne l'entendez gueres. Lifez
l'auteur Anglois, & il vous dira qu'il n'y
a d'erreur fondamentale, que celle qui eft
volontaire quelqu'en foit l'objet. Ce n'eft
pas la nature des erreurs, mais la difpofi-
tion de ceux qui y font, qui les rend fondamentales. Ecoutez-le raifonner. ,, La dif-
,, pute qui eft entre les Proteftans fur cet-
,, te queftion (des articles fondamentaux)
,, peut-être facilement terminée. Car,
,, ou l'erreur dont on parle eft tout à fait
,, involontaire, ou elle eft volontaire à
,, l'égard de fa caufe. Si la caufe de l'er-
,, reur eft quelque faute *volontaire* & évi-
,, table, l'erreur même eft criminelle, &
,, par conféquent damnable en elle-même.
,, Mais fi je ne fuis coupable d'aucune
,, faute de cette nature, *fi j'aime la vérité,*
,, *fi je la cherche avec foin,* fi je ne prens
,, point confeil de la chair & du fang pour
,, choifir mes opinions, mais de Dieu feul
,, *& de la raifon qu'il m'a donnée;* fi, dis-je,
,, je fuis difpofé de cette forte, & que
,, cependant par un effet de l'infirmité hu-
,, maine, je tombe dans l'erreur, cette er-
,, reur ne peut pas être damnable". V. *La*
*religion des Proteftans, une voie fure au falut.*
Un

Un autre auteur encore bien célébre dans la Reforme, Mr. Burnet enfin, ne s'eſt pas déclaré moins hautement pour la Tolérance univerſelle, c'eſt-à-dire, pour l'indifférence des religions. L'héréſie, ſelon lui, n'eſt rien du tout que *l'opiniâtreté dans une erreur, après être convaincu que c'eſt une erreur.* Ce qui réduit l'héréſie à rien, puiſque ſelon cette definition, il n'y a rien en foi qui ſoit hérétique, ni par conſéquent aucune erreur qu'il ne faille tolérer. De ce principe que l'Egliſe Proteſtante peut ſe tromper, il conclut qu'elle ne *peut prétendre rien qu'un pouvoir d'ordre & de gouvernement ; qu'on ne doit pas être trop prompt à juger mal de ceux qui ſont d'un autre ſentiment que nous, ou agir avec eux d'une maniere rigoureuſe,* puiſqu'il eſt poſſible qu'ils ayent raiſon & que nous ayons tort. Tout ce qu'on a inſeré dans les confeſſions de foi des Proteſtans, ſi l'on en excepte le ſymbole des Apôtres, n'eſt ſelon lui que *des vérités théologiques dont les principes de la Reforme ne permettent pas qu'on impoſe les déciſions aux autres hommes, ni qu'on les oblige à les ſigner, ni à en jurer l'obſervation.*

C'eſt auſſi là que tendent toutes les maximes ſi répandues dans les ouvrages d'un Strimeſius, d'un Conrad Belgius, d'un Jean Bergius, d'un Gregoire Franc, d'un Martin Hundius, d'un Thomas Cartvright, d'un Zanchius, d'un Hornbeek, tous docteurs, qu'on peut regarder comme la fleur

du

du parti proteftant. A quoi fe réduifent toutes ces maximes, qu'ils avoient puifées dans les écrits de Luther & de Calvin ? A dire que d'impofer aux confciences la néceffité de foufcrire à des expreffions qui ne font pas de l'écriture, c'eft leur impofer un joug humain ; c'eft déroger à la plenitude & à la perfection des faints livres , & les déclarer infuffifans à expliquer la doctrine de la foi ; c'eft attribuer à d'autres paroles qu'à celles de Dieu la force de foûtenir les confciences chancelantes ; c'eft enfeigner Dieu , & entreprendre de parler mieux que lui de fes myfteres, c'eft enfin ôter à l'entendement des hommes cette liberté que J. C. & les Apôtres lui ont laiffée. Mais à *qui* , dirai-je avec l'illuftre Boffuet dans fon fixiéme avertiff. fur les lettres de Mr. Jurieu , *à qui tous ces docteurs en veulent-ils , fi non manifeftement à ceux qui voudroient obliger les Ariens , les Pelagiéns , les Sociniens & tous les autres hérétiques , à dire que J. C. eft Dieu éternel ? Que le pere , le fils & le St. Efprit font un feul Dieu fouverainement & uniquement adorable , d'une même majefté & d'une même nature ? à dire que Dieu & l'homme en J. C. font une même & feule perfonne , à qui eft due une feule & même adoration avec le pere & le St. Efprit ? à dire qu'il y a un péché originel véritablement transmis de notre premier pere jufqu'à nous ? à dire que la grace intérieure eft abfolument néceffaire à chaque action de piété ? à dire que les damnés auront*

*auront à souffrir la peine d'un feu éternel autrement que St. Jude ne l'a dit des habitans de Sodôme & de Gomorrhe, ou autres choses semblables? Et en un mot, à qui en veulent-ils, si ce n'est à ceux qui voudroient pousser les hérétiques, quels qu'ils soient, au delà des expressions de l'écriture, qu'ils détournent, comme dit St. Pierre, à un mauvais sens, & les tirer de leur étendue & de leur généralité.*

C'est bien à tort que les Conciles de Nicée, de Constantinople, d'Ephése, de Chalcédoine, ont obligé la conscience des fidéles à recevoir leurs formules de foi sous peine de mort & de damnation! C'est bien dommage que les principes de la Reforme n'ayent pas été connus des Ariens, des Macedoniens, des Nestoriens, des Eutychiens! Ils auroient bien sû répondre à ces conciles, qu'ils en agissoient tyranniquement avec eux, en les obligeant à recevoir pour articles de foi des façons de parler *toutes humaines* Mais si la crainte qu'on ne nous reproche de parler mieux que le St. Esprit de ses mysteres, nous empêche de nous servir contre les hérétiques d'autres expressions que celles qui se lisent dans la Bible, il faut se résoudre à tendre les bras à toutes les sectes, du moins à celles qui la reçoivent dans toutes ses parties. Or qu'est-ce cela, si non introduire dans le Christianisme qui sauve, toutes les sectes qui se parent de ce nom; ce qui, comme l'on voit, emporte avec l'indifférence de

tou-

toutes les religions la ruine de la vraie religion?

Il paroît par les plaintes, que quelques miniftres Anglois porterent en 1690. au Synode convoqué cette année à Amfterdam contre les Indifférens, & principalement par la réponfe que fit ce Synode, que ce parti dès lors étoit très nombreux, puisqu'on en parloit comme d'un torrent dont il falloit arrêter le cours. Voici les termes du Synode: ,, Nous apprenons par les me-
,, moires & les inftructions de plufieurs
,, églifes, que quelques efprits inquiets
,, & téméraires fément dans le public &
,, dans le particulier des erreurs capitales,
,, & d'autant plus dangereufes, que fous
,, le nom affecté de charité & de la tolé-
,, rance, elles tendent à faire glifler dans
,, l'âme des fimples le poifon du Socinia-
,, nisme & l'indifférence des religions".

Le Miniftre Jurieu, malgré fa tendreffe pour la Réforme qui l'engageoit à en diffimuler le mal, a été forcé d'avouer, que le monftre de l'indifférence avoit pris naiffance dans fon fein, qu'il avoit été nourri fecrétement en France, qu'il ne s'étoit produit au grand jour que dans la Hollande où il avoit commencé à refpirer un air plus libre. ,, Le rideau, nous dit-il, a
,, été tiré, l'on a vû le fond de l'iniquité;
,, & ces Meffieurs fe font presque entie-
,, rement découverts, depuis que la per-
,, fécution les a difperfés en des lieux où
,, ils

„ ils ont cru pouvoir s'ouvrir avec liber-
„ té.... Les jeunes gens, dit-il encore,
„ venus tout nouvellement de France,
„ gros de la tolérance univerſelle de tou-
„ tes les héréſies & de leur eſprit de li-
„ bertinage, ont cru que c'étoit ici le vrai
„ tems & le vrai lieu d'en accoucher".
Pendant que ces indifférens étoient en France, ſous les yeux des Catholiques qui les
éclairoient de ſi près, ils n'oſoient ſe déclarer ; mais à peine touchent-ils les bords
de la Hollande, lieux où la réforme donne
des loix, qu'ils ſe montrent tels qu'ils ſont,
& qu'ils accouchent de ce dogme nouveau ;
comme ſi un pays, où domine la Réforme, étoit le ſeul qui fût favorable à ſa
naiſſance.

# CHAPITRE VII.

*Que la tolérance des erreurs une fois admiſe*
*ne connoît plus de limites, & qu'il faut*
*néceſſairement l'étendre au delà des*
*bornes du Chriſtianisme.*

C'eſt un terrible inconvénient pour la
Réforme, de ſe voir obligée par ſes
propres principes à tolérer les erreurs ſo-
ciniennes. Car moyennant cette tolérance
qui ſauve les hommes, en ôtant tous les
myſteres, en éteignant les feux éternels,
&

& en mettant au large la raison, il ne lui
fera gueres possible de retenir ses propres
enfans constamment attachés à ses dogmes.
En accordant aux sociniens cet avantage
qu'on peut se sauver dans leur religion, on
leur donne en même-tems celui d'y pouffer entiérement des esprits qui n'avoient
pour elle que de la tolérance, mais qui en
détestoient les dogmes. Le passage d'une
religion, qui par les mysteres qu'elle pro-
pose à croire, essaye, s'il est permis de
parler ainsi, jusqu'où peut aller la docilité
de l'esprit humain pour la révélation ; le
passage de cette religion, dis-je, à une autre qui comme la socinienne est de plein
pied, léve toutes les difficultés, applanit
toutes les hauteurs & devient très facile,
lorsque c'est le salut qui le fraye.

Mais si le Socinien trouve grace aux yeux
du Protestant, pourquoi le Juif, le Musulman, le deïste, ne l'y trouveróient-ils pas?
Le christianisme seroit il donc une barriere
insurmontable à la tolérance chrétienne?
C'est ce qu'il faut examiner.

Si croire en J. C., lors même qu'on ne
croit point à sa doctrine, est une raison
suffisante pour être sauvé, je ne vois pas
pourquoi le refus de croire en lui seroit un
obstacle éternel au salut. Il faudroit pour
cela que ce refus fût accompagné d'une
fierté d'esprit & d'une malice de cœur,
telles que ces deux choses ne se trouvent
point dans le sociniens. L'intention de
F      J.

J. C., en fondant sa religion, n'a pas été seulement qu'on crût en lui. Un foi si informe, si mutilée, ne s'accorde point avec le deffein qu'il a eu de dominer sur l'homme tout entier; sur son esprit, en le captivant sous la créance des dogmes les plus incompréhensibles; sur son cœur, en lui commandant le sacrifice de ses passions les plus cheres. Or, pense-t-on qu'il y a plus de bonne foi dans un socinien, qui élévé dans le sein du christianisme, en nie tous les mysteres, que dans un Juif, qui ne croit, mais dont le symbole de la foi est moins étendu? Le Juif suit une religion que le chrétien lui accorde avoir été autrefois cherie de Dieu; il pense que Dieu l'aime encore. On avouera que c'est une erreur bien pardonnable que celle de croire que Dieu aime encore ce qu'il a aimé. Si vous concevez de la bonne foi dans un socinien, & que ce soit pour vous une raison de le sauver, je ne comprens pas comment vous pourriez vous dispenser d'en admettre une égale dans le Juif, & de lui ouvrir les portes du ciel.

Ce que je dis du Juif, je puis le dire du deïste. Sa religion, comme l'on sait, differe peu de celle du socinien. Il paroît au premier qu'il vaut mieux ne point recevoir l'évangile à cause des mysteres qu'il renferme, & qui choquent autant sa raison que celle du socinien, que de le recevoir comme celui-ci le fait, & de nier ensuite

les

les myſteres qui y ſont ſi clairement exprimés.  Ce n'eſt point en lui une erreur
d'entendre les écritures dans le ſens des
Catholiques & des Proteſtans; mais c'en
eſt une en lui de les rejetter à cauſe des
myſteres qu'elles contiennent.  Mais lequel vaut le mieux, je vous prie, de rejetter les écritures, dont on pénétre le vrai
ſens, a cauſe des myſteres qui y ſont compris, ou de retenir ces mêmes écritures,
à condition d'en tourmenter & d'en tor-
dre le texte à ſa fantaiſie, juſqu'à ce qu'enfin on l'ait forcé à faire diſparoître tous
les myſteres & à ne plus violenter le ſens
humain? Le premier eſt le crime du deïſte,
le ſecond celui du ſocinien.  Ils ſont tous
deux également puniſſables ou tous deux
également dignes de grace.

Le Muſulman viendra à ſon tour, & de-
mandera au Proteſtant la même grace que
celui-ci eſt forcé d'accorder au Juif & au
deïſte.  Si l'on peut être ſauvé, ſans être
chrétien, pourquoi, parce que je ne le
ſuis pas, me fermez-vous l'entrée du Ciel?
Nous naiſſons Muſulmans, comme vous
autres vous naiſſez chrétiens.  Le reſpect
qui vous attache à J. C. eſt le même qui
nous attache à Mahomet. Nos eſprits pliés
dès notre tendre enfance à la religion que
nous profeſſons, ont pour le moins autant
d'obſtacles à ſurmonter, que les eſprits
imbus du ſocinianiſme. Juſqu'à ce que vous
nous ayez prouvé que les ſociniens & les

                    deïſdeïftes l'emportent fur nous pour la bonne foi, nous nous croirons très affûrés de notre falut, & nous ne nous prefferons pas d'embraffer votre religion. Depuis que vous nous avez appris qu'il y a des erreurs innocentes, nous vous déclarons que nous fommes affez tranquiles dans les nôtres. Car pourquoi Dieu nous puniroit-il de nos erreurs, tandis qu'il excufe celles des autres ? Elles font, dites vous, invincibles, & par cela même involontaires. Mais fi tel eft le caractere des erreurs fociniennes, nous avons tout lieu de croire qu'il en eft ainfi des nôtres. Il ne nous paroît pas qu'il foit plus évident que le Chriftianifme eft divin, qu'il l'eft que J. C. eft Dieu, fi l'on reconnoit une fois pour divin le nouveau teftament qui eft le code des chrétiens. Le focinien fe juftifiera de la même maniere, aux dépens du Lutherien & du Remontrant, que le Juif & le Mahometan fe juftifient aux fiens. D'où il réfulte que la tolérance s'échappe du cercle du chriftianifme, dans lequel on l'avoit d'abord renfermée; qu'on ne peut fauver les Lutheriens & les Arminiens, fans fauver en même-tems les fociniens; que ces derniers ne peuvent entrer dans le ciel, fans attirer fur leurs pas les Juifs, les Mufulmans, les deïftes.

Cette gradation de conféquences, qui s'étend dépuis le Lutherien & l'Arminien, qu'on tolere dans la réforme, jufqu'au focicinien, au Juif, au Mufulman, au deïfte qu'on doit tolérer, frappa fi vivement Mr. Papin, neveu de Mr. Pajon miniftre d'Orleans, qu'elle le ramena dans le fein de l'églife Catholique. Le jeune miniftre, célébre dans fon parti pour fon efprit & fon favoir, étoit Proteftant de la meilleure foi du monde. Enyvré du zéle de la réforme, il auroit voulu lui gagner tous les hommes. Comme le caractere de fon efprit étoit d'être fuivi dans fes raifonnemens, & de poufler un principe dans toutes fes conféquences, il donna à pleines voîles dans la tolérance univerfelle. Quelque perfuadé qu'il fût de la divinité de J. C. les principes de la réforme, auxquels il étoit fidéle, ne lui permettoient pas de condamner les fociniens, qui lui paroiffoient trouver l'excufe de leur erreur dans le défaut d'une autorité légitime qui pût ramener à la verité leur raifon chancelante par elle-même. La réforme lui avoit appris à regarder comme une tyrannie toute autorité en fait de religion. Encouragé par les beaux efprits de la fecte, il ne lui venoit pas feulement dans l'efprit qu'on pût refufer la tolérance à quelque hérétique que ce fût, même à un focinien. Par une fuite de ce mouvement qu'ils lui avoient imprimé, il marchoit toujours en avant, s'enfonçant de plus en plus dans les voyes larges de la tolérance. Déja plein de charité pour le focinien, qu'il toléroit par fyf-



térême, il étoit prêt à franchir les dernieres limites du chriſtianiſme, à mettre le ſalut hors de J. C. & à tolérer toute religion, ce qui eſt, à proprement parler, n'en avoir aucune. A la vue de cet abyme, ſaiſi de frayeur, il fit un pas en arriere, & ſe rejetta dans les bras de l'égliſe qui ne ſait point pardonner à l'erreur.

Bayle, le ſceptique Bayle, dont l'eſprit étoit pour le moins auſſi juſte que celui de Mr. Papin, apperçut dans toute leur étendue ces conſéquences; mais il n'en fut point effrayé. Il les ſuivit en homme intrépide, & mit pêle mêle en paradis le ſocinien, le Déïſte, le Juif, le Muſulman, le Payen & le Chrétien. Le grand principe, ſur lequel il s'appuye, c'eſt que Dieu n'a laiſſé aux vérités de religion aucune marque diſtinctive. C'eſt le hazard ſeul qui nous en met en poſſeſſion. Chrétiens à Paris, nous aurions été Muſulmans à Conſtantinople, & payens à Pekin. Tout ce que Dieu exige de nous, c'eſt que nous nous attachions fortement à ce qui nous paroît être la vérité. Que ce ſoit elle ou non que nous ayons rencontrée, on n'en eſt pas moins orthodoxe à l'égard de Dieu, qui ſonde les diſpoſitions des eſprits & qui les connoît beaucoup mieux que l'orfévre ne connoît la nature des métaux qu'il allie. Nous ſommes moins faits pour trouver la vérité que pour la chercher.

Bayle s'applaudit de ce principe comme é-

étant très propre à applanir toutes les difficultés, & à faire difparoître comme de
vains fantômes toutes les objections que
l'on fait fur la recherche de la vérité eu
fait de religion. Mais, à dire vrai, ce principe paroît bien plûtôt l'éponge de la vraie
religion, que des difficultés par lesquelles
on peut l'attaquer. Ce n'eſt pas ici le lieu
de refuter un principe ſi pernicieux & en
même - tems ſi deſtructif du Chriſtianiſme.
Ce feroit donner à entendre que les Proteſtans que j'ai ici en vue, le favoriſe-
roient.   A Dieu ne plaiſe que je leur impute
un ſentiment dont ils n'ont pas moins
d'horreur que les Catholiques.   Tout ce
que j'ai prétendu par-là, c'eſt de leur ouvrir les yeux fur le bord du précipice, où
le ruſé & ſubtil commentateur les conduit
par leurs propres principes. Car voici comme il raiſonne contr'eux. Vous trouvez
mauvais que j'aie avancé quelque part, qu'un
homme qui a cherché ſincerement & ſoi-
gneuſement la vérité, doit aimer ce qui lui
paroît être vérité, & que c'eſt là ſa vérité toute trouvée.  Vous vous récriez fort
à cette occaſion contre moi, comme ſi vous
ne diſiez pas la même choſe, & que cela
ne ſe déduiſît pas néceſſairement de vos
principes. Quelle aſſûrance parfaite pouvez-vous fonder fur votre propre faillibilité? Conciliez moi, je vous prie, ces deux
choſes d'une maniere qui ſauve l'honneur
de la Réforme. Direz-vous qu'on trouve

toûjours la vérité, lorsqu'on la cherche a-
vec amour & sincérité? Pourquoi donc le
Lutherien & le Remontrant ne la trouvent-
ils pas? Ho, dites-vous, c'est qu'ils manquent de ces heureuses dispositions? Pourquoi donc les tolérez-vous, & pourquoi
Dieu excuse-t-il leurs erreurs? Qui êtes-vous
pour marquer un terme à l'indulgence divine? Si Dieu pardonne au Lutherien &
au Remontrant leurs erreurs; pourquoi ne
voulez-vous pas qu'il pardonne au socinien, au Musulman, au Juif, au Deïste,
au payen, des erreurs qui certainement ne
sont pas plus criminelles? D'ailleurs ce
qui vous tient lieu de vérité & ce qui vous
assûre que vous l'avez, tous ces gens-là
l'ont comme vous. Ils sont tous satisfaits
de leur religion, comme vous pouvez l'ê-
tre de la vôtre. Ils éprouvent le même
repos & la même tranquillité d'esprit. Ils
regardent du haut de leur esprit ceux qui
ne pensent pas comme eux, & n'épargnent
point à leur égard les sentimens de pitié,
de haîne & de mépris. Si c'est à ces marques que se reconnoît la vérité, il n'y a
point de secte qui n'ait droit d'y prétendre;
n'y en ayant aucune qui de ce côté là le
céde à ses rivales.

CHA-

# CHAPITRE VIII.

*Que l'autorité infaillible est la seule digue qu'on puisse opposer au torrent de l'indifférence des religions.*

JE crains bien qu'en prononçant ce mot d'*autorité infaillible*, je ne révolte contre moi tous les esprits Protestans. Elle ne se présente à eux que sous l'idée d'une tyrannie qui met notre raison dans les fers, & qui l'oblige à adorer les interprétations qu'elle donne à l'écriture. A les en croire, les Catholiques qui se laissent conduire par les lisieres de l'autorité, sont de pauvres aveugles qui ne savent où on les méne & qui croyent d'autant plus mériter, qu'ils éteignent entiérement le flambeau de la raison qui devroit les éclairer. Ils leur font l'honneur de les regarder comme de vraies machines qui ne pensent point d'eux-mêmes, lorsqu'il s'agit de religion. Pardonnons aux Protestans leurs invectives & leur mauvaise humeur contre une autorité qu'ils ne pourroient reconnoître, sans renverser de leurs propres mains le grand ouvrage de la Réforme. Mais les abus qui naissent du renversement de cette autorité, devroient bien leur ouvrir les yeux sur la nécessité de la rétablir. ,, C'est



,, le

,, le seul moyen laissé aux fidéles, dit l'il-
,, lustre Bossuet, dans une doctrine aussi
,, haute que celle du christianisme, & dans
,, une aussi grande profondeur que celle
,, de l'écriture, d'entretenir parmi eux
,, l'unité que leur ordonne St. Paul en leur
,, disant, *soyez d'un même cœur & d'une*
,, *même âme, ayant tous les mêmes senti-*
,, *mens.*

L'époque fatale de toutes ces malheu-
reuses divisions, qui ont déchiré le christianisme, est marquée à la naissance de la
Réforme. Luther n'eût pas plutôt renver-
sé les bornes posées par nos peres, qu'on
vit tout à coup se répandre dans le monde Chrétien une multitude effroyable d'erreurs plus énormes les unes que les autres. Le monde ébranlé par ses disputes,
& toûjours prêt à enfanter quelque nouveauté, mit presque tout le Christianisme
en question. Les mysteres, qui n'avoient
reçu aucune atteinte depuis 12. cens ans,
entrerent dans les controverses d'un siécle
où toutes les nouveautés avoient droit de
se produire. Les sociniens dès lors inon-
derent la Réforme; & forts de ses principes, ils oserent jusques dans son propre
sein conjurer contre la divinité du fils de
Dieu. Envain réclama - t - elle contre ces
hardis Novateurs une autorité dont elle a-
voit eu l'imprudence de se dépouiller. La
liberté de penser avoit été le charme qu'elle avoit employé pour engager les esprits

à en fecouer le joug ; mais elle n'avoit pas prévu que par là elle les jetteroit dans des opinions libertines. Elle convoqua des conciles, pour arrêter dans fa courfe le torrent impétueux de l'indifférence, qui ne tend à rien moins qu'à renverfer le Chriftianifme. Mais de quelle force pouvoit être une autorité dont les fondemens étoient fi débiles ! Le feu, qu'elle voulut éteindre, couva quelque tems dans fon fein, pour fe rallumer bientôt après plus vivement que jamais. Dès lors elle vit avec chagrin fe former dans fa communion un peuple immenfe d'indifferens, marchant à grands pas fous les drapeaux de Socin & d'Epifcopius, à la tolérance univerfelle des religions. C'eft fur tout en Angleterre qu'ils fe montrent plus à découvert. Elle voudroit fe cacher ce mal domeftique qui la dévore & la confume ; mais il lui échappe de tems en tems des plaintes ameres contre le progrés d'un mal qu'elle n'a pas la force d'arrêter. Elle voudroit nous faire accroire que ce mal nous eft commun avec elle. *La communion de Rome*, nous dit elle par la bouche du miniftre Juricu, *a fenti ce torrent d'impiétés qui a prefque inondé l'églife : ce qui a obligé fes auteurs à écrire plufieurs ouvrages, pour prouver la vérité de la religion Chrétienne.*

  ,, Mais, répond le grand Boffuet, pour ,, rendre les chofes égales, il faudroit nous ,, nommer les Royaumes Catholiques, où

                          ,, l'on

,, l'on prêche publiquement le focinianif-
,, me & l'indifférence ; les conciles qu'on
,, y tient contre ces erreurs , & les
,, moyens extraordinaires dont on croit
,, avoir befoin pour en exterminer les fec-
,, tateurs.... mais après tout, & pour le
,, prendre de plus haut, la queftion n'eft
,, pas de favoir fi le nombre des indiffé-
,, rens, c'eft-à-dire , celui des impies,
,, s'augmente dans la chrétienté , & s'il
,, peut y en avoir de cachés parmi nous;
,, ce qu'il faut examiner, c'eft d'où cet-
,, te race eft venue, de quel principe elle
,, eft née, & pourquoi elle fe déclare hau-
,, tement parmi les Proteftans. D'abord
,, on avouera, pour peu qu'on ait de bon-
,, ne foi, que l'églife romaine y eft oppo-
,, fée par fa propre conftitution. Une é-
,, glife qui pofe pour fondement qu'il n'y
,, a de vie ni de falut que dans fa commu-
,, nion, eft fans doute oppofée par fa na-
,, ture à l'indifférence des religions. Une
,, églife qui a pour régle de fa foi, qu'el-
,, le doit avoir aujourd'hui celle qu'elle a-
,, voit hier, qui croit que celle d'hier eft
,, de tous les fiécles paffés & futurs, en-
,, forte que la vérité régnera éternellement
,, dans fa communion, & qu'il y a une
,, promeffe divine qui l'en affûre, eft in-
,, compatible par fon propre fonds avec
,, toutes les nouveautés, & d'autant plus
,, oppofée à celle des fociniens & des to-
,, lérans ou Indifférens, que leurs inno-

,, va-

,, vations font plus hardies. Qu'on vien-
,, ne à dire à une telle églife qu'elle ne
,, doit pas adorer le fils de Dieu autant que
,, le pere ; ou que J. C. n'eft pas, à propre-
,, ment parler, un redempteur qui ait vrai-
,, ment fatisfait pour elle & payé un prix
,, infini ; ou que l'enfer n'eft pas éternel
,, comme la béatitude qui nous eft pro-
,, mife ; ou qu'on puiffe trouver fon falut
,, autre part qu'avec J. C. & fon églife :
,, elle boûchera fes oreilles, pour ne point
,, ouïr de tels blafphêmes, & repouffera
,, de toute fa force ces novateurs avec un
,, concours univerfel. Il faut qu'ils for-
,, tent ou qu'ils fe cachent fi bien, qu'il
,, ne leur refte d'afile que celui de l'hy-
,, pocrifie, qui fe condamne elle-même à
,, des ténébres éternelles. Voilà où en
,, font réduits tous les novateurs dans l'é-
,, glife Catholique. Qu'on laiffe repofer
,, les peuples fur cette foi & fur la pro-
,, meffe divine, jamais les nouveautés ne
,, feront feulement écoutées. Mais que
,, l'on commence à dire avec la réforme,
,, qu'il y a fept ou huit cens ans plus ou
,, moins que l'erreur & l'idolâtrie régnent
,, dans l'églife, c'en eft fait : la chaîne eft
,, rompue : la promeffe eft anéantie : on ne
,, tient plus à la fucceffion. L'Antechrift
,, qui ne commençoit qu'au 7$^{me}$. ou 8$^{me}$.
,, fiécle, fi l'on veut, prendra naiffance
,, au 5$^{me}$., en la perfonne de St. Leon : fi
,, l'on veut, la corruption aura commen-
,, cé

„ cé au concile de Nicée : ce fera plutôt,
„ fi l'on veut, & dès le tems qu'on a con-
„ damné Paul de Samofate, qui nioit la
„ préexiftence du fils de Dieu : il n'y a
„ plus de digues à oppofer à cette pente
„ fecrette, qui porte l'efprit de l'homme
„ à cette religion de *plein pié*, qui fuppri-
„ me tout l'exercice de la foi & tout
„ devient indifférent". Que pourrois-je a-
jôuter à cet éloquent morceau de l'illuftre
Prélat ?

Je n'entrerai point ici dans les différentes preuves qu'on tire de l'écriture, &
fur lesquelles on fonde l'infaillibilité de
l'églife. Il me fuffit d'obferver, que fi l'effence d'une religion confifte dans la créance d'un certain nombre de dogmes furajou-
tés par la révélation à ceux que la raifon enfeigne, il eft naturel de penfer que
Dieu qui en eft l'auteur, aura établi des
miniftres pour être les fidèles interprêtes
des écritures qui les contiennent, & pour af-
fermir la foi chancelante des peuples qui leur
feront foûmis. Toute loi fuppofe des juges
qui l'interprétent, & au jugement defquels
ceux qui la reconnoiffent pour leur régle,
font obligés de déferer. C'eft une maxime
de bon fens, qui a lieu dans tous les tri-
bunaux de la juftice humaine. Mais reconnoître des juges en matiere de religion,
c'eft la même chofe que de les croire infaillibles. Car il n'en eft pas ici de même
que dans un procès, où les juges peuvent

fe

fe tromper. Si les paffions qui les préoc-
cupent, ont fermé leurs yeux à la vérité
qui parloit pour moi, fi en conféquence
ils ne m'ont pas rendu juftice, c'eft un
malheur fans doute pour moi, mais un malheur après tout qui n'eft que temporel :
au lieu qu'il y va de mon falut, fi je me
livre à des juges qui égarent ma foible raifon & la rempliffent d'erreurs directement
contraires aux vérités que Dieu a révélées,
& qu'il n'a révélées que pour être l'objet
de ma foi. L'infaillibilité de l'églife eft
donc fondée d'une part fur l'impuiffance
où je fuis de fixer par moi-même le vrai
fens des écritures qui font la régle de ma
foi, & de l'autre fur l'obéiffance que je dois
aux pafteurs qui font prépofés pour me
conduire. Le dogme, qui eft celui de la raifon en même-tems qu'il l'eft de la révélation, entre naturellement dans les efprits
qui ne font pas d'ailleurs prévenus. Les
Proteftans eux-mêmes feroient les premiers
à l'adopter, fi par lui-même il n'entraînoit
la créance de certains dogmes, tels que la
préfence réelle, la tranfubftantiation, le
culte des images, l'invocation des faints,
contre lefquels ils fe roidiffent de toutes
les forces de leur efprit. Ils conviennent
que l'infaillibilité applanit beaucoup de difficultés, & que ce point une fois accordé
à leurs adverfaires, tout s'explique heu-
reufement dans leur fyfteme.

Les Proteftans ont beau faire, & décla-
mer

mer hautement contre la néceffité d'une autorité infaillible, ils y reviennent d'eux-mêmes, tant la pente vers elle eft rapide! Ils fuppriment le mot d'*infaillible* & retiennent la chofe. Leurs fynodes prononcent avec la même autorité que les conciles de l'églife Romaine. Ils lancent l'anathême contre ceux qui font réfractaires à leurs décifions. Vous les prendriez alors pour de vrais Romains. Mais fi ceux-ci les avertiffent qu'ils s'oublient, en voulant les imiter, vous les voyez pour lors fe faire violence à eux mêmes, & faire taire ce cri d'infaillibilité que leurs adverfaires avoient furpris en eux, lorfqu'ils n'étoient pas fur leur garde, & qu'ils s'occupoient uniquement de la vérité.

# CHAPITRE IX.

*Réponfe à quelque difficultés propofées contre l'infaillibilité.*

IL faut que je perce & que je me faffe jour à travers de toutes ces petites difficultés, qui jettent de l'ombre fur l'infaillibité, pour arriver à celles qui doivent faire impreffion fur un efprit judicieux.

L'infaillibilité, vous dit-on, étant une faveur particuliere du St. Efprit, ne peut être prouvée que par la révélation. Or,

pour

pour la connoître cette révélation, il n'y
a que deux moyens, qui sont ou de fouil-
ler dans les écritures pour l'y chercher,
ou de s'adresser à l'églife pour en être inftruit. Si vous confultez les écritures, vous
donnez prif· fur vous aux Proteftans qui
vous objecteront, que puisque de vôtre
aveu elles font fuffifantes pour décider
l'importante & obfcure queftion de l'autorité de l'églife, vous pouvez bien vous en
tenir à elles pour les autres queftions. Si
vous avez recours à l'églife, il vous arrivera
de décider par fon autorité l'autorité qu'elle doit avoir fur vous; ce qui eft, comme
on appelle dans les écoles, un cercle vi-
cieux. Mr. Nicole, avec tout fon efprit,
ne pût éviter le piége, il s'enferra de lui-
même. En avouant que l'écriture eft fuffifante pour décider l'autorité de l'églife, il
renverfa lui-même tout ce qu'il avoit bâti.
C'eft ce qui fit dire à Bayle, dans fa repu-
blique des lettres où il parle du livre inti-
tulé les *Calviniftes convaincus de fchisme*, que
Nicole eft un fleuve majeftueux qui roule
fes eaux lorsqu'il attaque les Proteftans,
& qu'il n'eft qu'un ruiffeau, qui refferré
dans un détroit ne jette qu'un filet d'eau
avec précipitation, lorsque fes adverfaires
l'attaquent à leur tour fur l'autorité de
l'églife.

Pour un fceptique comme Bayle, rien
n'eft plus délicieux que l'embarras dans
lequel deux partis cherchent à fe jetter.

Sa joye redouble à proportion de la difficulté qu'ils trouvent à s'en tirer. Elle se
peint, elle éclate dans les paroles suivantes
de cet auteur, 2. part. com. phil. Chap.
10. „ Depuis que les Proteſtans ſont ſor-
„ tis de l'égliſe Romaine, on ne ceſſe d'ob-
„ jecter qu'en ruinant l'autorité de l'égli-
„ ſe, ils s'engagent à trouver la vérité par
„ l'examen de l'écriture, & que cet exa-
„ men ſurpaſſant les forces d'un particu-
„ lier, ils engagent leurs gens à n'avoir
„ jamais aucune certitude légitime de leur
„ croyance, puiſqu'elle ſe réſout à ce fon-
„ dement, *je trouve que j'ai raiſon d'enten-*
„ *dre ainſi l'écriture, donc j'ai raiſon de l'en-*
„ *tendre ainſi.* Nous nous plaignons qu'a-
„ près avoir mille fois répondu à cet ar-
„ gument, on nous le propoſe tous les
„ jours, & qu'en France ſur tout on le
„ rafine & on le ſubtiliſe le plus qu'il eſt
„ poſſible. Mais il faut avouer en un cer-
„ tain ſens, qu'ils ont raiſon de le propo-
„ ſer & le repropoſer, parce qu'on n'y
„ répond point, & qu'on n'y ſauroit ré-
„ pondre, en ſuppoſant, comme l'on fait
„ d'ordinaire, que Dieu demande de l'hom-
„ me privativement & excluſivement à
„ toute vérité putative, qu'il connoiſſe la
„ vérité abſolue, & qu'il ſache certaine-
„ ment qu'il la connoît. Avouons la det-
„ te; ni ſavans, ni ignorans ne peuvent
„ en venir là par la voye de l'examen.....
„ Il n'eſt pas poſſible d'arriver à une telle
„ idée,

,, idée, à l'égard de ce feul point de fait,
,, qu'un tel paffage de l'écriture a été bien
,, traduit, que le mot qui eft aujourd'hui
,, dans le Grec ou dans l'Hébreu, y a
,, toûjours été, & que le fens que lui ont
,, donné les Paraphraftes, les Commen-
,, tateurs & les Traducteurs, eft le même
,, que celui de l'auteur du livre. Mais en
,, un autre fens, les Catholiques Romains
,, font fort ridicules de tant preffer ces
,, difficultés, puisqu'il leur eft auffi impof-
,, fible qu'à nous de s'en tirer, & qu'ils
,, n'ont point de reffource dans leurs prin-
,, cipes qui fatisfaffe à la condition qu'ils
,, fuppofent que Dieu demande de l'hom-
,, me ; c'eft à favoir qu'il fache de fcience
,, certaine, que ce qu'il prend pour la
,, vérité n'eft pas une vérité apparente
,, comme ce que les autres fectes pren-
,, nent pour la vérité, mais la vérité ab-
,, folue & réelle. Le chemin qu'ils nous
,, donnent pour en venir là, eft plus em-
,, barraffé mille fois que celui des Prote-
,, ftans, comme nos auteurs le leur ont
,, fait voir, puisqu'il fupporte d'abord
,, toutes les difficultés de celui des Pro-
,, teftans, à caufe qu'il faut examiner les
,, paffages de l'écriture où eft contenue la
,, faillibilité ou l'infaillibilité de l'églife,
,, & qu'outre cela il faut parcourir l'his-
,, toire de tous les fiécles, pour favoir
,, difcerner ce qui eft effectivement une
,, tradition Apoftolique, de ce qui ne l'eft

G 2

,, que

,, que selon les vaines prétentions de quel-
,, ques uns".

Cette objection est terrible sans doute ;
& il est de l'intérêt commun du Christianisme de travailler à la détruire. Le Catholique accuse le Protestant d'avoir tissu lui-
même le nœud avec lequel le sceptique les
serre fortement l'un & l'autre. Le premier dit au second : tant que vous vous
en tiendrez à ne laisser aux particuliers d'autre moyen pour connoître la vérité que la
voye d'examen & de discussion, il vous
sera impossible de répondre d'une maniere
plausible aux objections triomphantes du
sceptique Bayle. Les Claudes & les Ju-
rieux, ces grands hommes de la Réforme,
ont échoué d'une maniere pitoyable dans
le réfutation qu'ils ont prétendu faire des
écrits des Bossuets & des Nicoles. Pour sor-
tir du labyrinthe où leurs principes les engagent, ils n'ont trouvé d'autre issue que le
fanatisme. Car quel autre nom donner à
ce rayon, à ce goût, à ce sentiment, avec
lesquels ils ont tranché la difficulté propo-
sée par nos plus habiles Controversistes ?
Le Catholique, dites-vous, est lui-même
jetté sur l'écueil où il brise le Protestant.
S'il en est ainsi, renonçons au Christianisme & devenons sceptiques. C'est l'asile
que nous offre Bayle : il nous est dès lors
impossible de nous assurer de la vérité révélée ; & conséquemment il n'y a point
d'autre choix à faire pour nous, que celui
de

de nous tenir où nous nous trouvons, &
d'être toujours de la religion dominante.
Mais pourquoi le Catholique feroit-il dans
le même embarras que le Proteftant pour
connoître la vérité ? C'eft, dites-vous, par
ce que l'autorité de l'églife a pour lui les
mêmes difficultés, dont font hériffés les
autres dogmes pour le Proteftant ; fans
compter celles qui naiffent du fonds-même
de la tradition dont il eft obligé de parcourir les différentes branches dans toute
l'étendue des fiécles qu'elle remplit. C'eft
cette difficulté que le Proteftant preffe fortement contre le Catholique ; difficulté,
dit-on, qui fit pâlir le grand Boffuet devant
le fubtil Claude.

Si le Catholique étoit obligé d'aller fouil-
ler dans les écritures, pour y puifer le
dogme de l'infaillibilité promife à l'églife,
j'avoue que la retorfion du Proteftant auroit lieu en partie mais non en tout. Car
enfin il eft incomparablement plus aifé de
décider par l'autorité des écritures la feule
queftion de l'infaillibilité, que ce tas im-
menfes d'autres queftions qui n'ont pas à
beaucoup près la même clarté. Mais je ne
veux point me prévaloir de ce petit avantage ; & j'accorde volontiers au Proteftant
que les paffages qui concernent l'autorité
de l'églife font extrêmement obfcurs & qu'ils
font fufceptibles de mille interpretations
arbitraires. Mais en lui faifant cet aveu,
que prétend-il de moi ? Croit-il que de me



prou-

prouver que l'écriture n'eſt pas nette ſur cette queſtion, ce ſoit une bonne raiſon pour m'engager à la prendre ici pour juge? J'en conclus au contraire contre lui, que l'écriture ſeule ne ſuffit pas pour décider cette queſtion. Ce n'eſt point à l'égliſe non plus que j'aurai recours pour m'aſſurer par elle de ſon autorité. Je veux éviter le ridicule de prouver une choſe par cela même qui devroit être prouvé par elle. Ma foi n'eſt point, comme me le reproche le Proteſtant, à la merci d'une autorité qui me défendroit de voir par mes yeux, & qui ne ſe croiroit reſpectée de moi que par ce que je n'oſerois pas penſer. Mon hommage n'eſt digne d'elle, qu'autant qu'il eſt libre & éclairé. C'eſt à la raiſon, ce guide que Dieu m'a donné pour me conduire, & dont au moins je dois faire uſage pour l'objet le plus important de ma vie ; c'eſt à la raiſon, dis-je, à ne me remettre entre les bras de l'autorité, & de celle-ci dans les bras de la foi, qu'après qu'elle m'a convaincu que cette autorité eſt légitime, & que je puis m'en fier à elle pour régler ma créance. Il ne faut pas beaucoup de raiſonnemens pour en venir là. Les ſimples & les ignorans y ſont bien plus propres que les ſavans & les beaux eſprits. Ils ſentent beaucoup mieux leur ignorance & leur incapacité, & conſéquemment le beſoin qu'ils ont d'une autorité qui les conduiſe comme par la liſiere à la vérité, à travers cet amas d'erreurs dont est bordé le chemin glissant qui y méne. *L'église a plus de lumieres que moi, elle est donc plus croyable que moi*: ce raisonnement tout simple entre de lui-même dans un esprit, que les préjugés de religion n'ont pas fermé à ce qui rayonne si clairement dans son entendement. Il fait partie, de l'aveu même de Bayle, de ce sens commun qui persuade aux hommes de s'en rapporter, en fait de religion, aux interpretations des personnes préposées au culte divin. Ce principe, que chaque particulier doit faire ceder ses lumieres à celles des plus éclairés, qui ont l'administration des affaires en main, fait le maintien de toutes les sociétés, corps & communautés politiques.

Il y auroit plus que de la mauvaise foi dans le reproche que les Protestans feroient aux Catholiques, savoir, que leur principe autorise toutes les superstitions extravagantes du paganisme. L'autorité, je l'avoue, est un maître que se donnent les Catholiques, & les Protestans ne feroient pas mal de les imiter; mais ils ne lui soumettent leur fierté naturelle, qu'après s'être assurés qu'elle est légitime. Les Protestans, qui se croient assez de capacité pour soumettre à leur examen les points les plus délicats de la religion, doivent reconnoître du moins dans les Catholiques cette portion de bon sens qui les éclaire sur leur propre imbécillité. Ils ont assez d'esprit pour fentir que Dieu ne leur en a donné qu'autant qu'il faut pour fe laiffer conduire à l'autorité. Quand ils viennent à choifir entre les différentes fectes qui partagent le Chriftianisme , celle qui leur paroît en être la portion la plus pure, la plus exqui-fe, ils font cenfés convaincus de la divinité de cette religion. Jufqu'ici les Catholiques & les Proteftans font parfaitement d'ac-cord. Ils ne commencent à fe divifer que dans la maniere dont chaque parti prétend qu'on doit interprêter les écritures. Les Catholiques penfent qu'il eft plus raifon-nable de fe fier à l'interpretation que leur ont donnée pendant plufieurs fiécles ceux qui ont gouverné le vafte corps de la com-munion Romaine , que de s'en rapporter à celle qu'on y donne foi-même. Il ne s'agit plus que de favoir de quel côté fe trouve la raifon.

Les Catholiques arrêtent tout court les Proteftans , en leur demandant pourquoi ils rejettent avec des airs fi hautains & fi dédaigneux, touchant l'interpretation des écritures , une autorité qu'ils font trop heureux de recevoir touchant leur inté-grité , leur autenticité , leur vérité , leur divinité. C'eft tout doucement & fans s'échauffer qu'ils les prient de leur donner fur cela une réponfe qui ne fente ni le fa-natique ni l'enthoufiafte. C'en feroit une, par exemple, que celle qui feroit intervenir dans le difcernement des livres divins, ce

jar-

jargon & cette illumination, ce goût & ce fentiment, dans lesquels deux miniſtres très habiles ont mis tout le fort de la religion Réformée. Je me donnerai bien de garde de disputer avec des gens qui feroient dans de tels fentimens. On ne dit point des raiſons à des illuminés. Pour éviter ce reproche auquel les Catholiques s'attachent conſtamment, les Proteſtans n'ont rien de mieux à faire que de reconnoître l'autenticité & l'intégrité, la vérité & la divinité des livres facrés, fur l'autorité de la tradition, qui les a fait paſſer jusqu'à nous, à travers l'eſpace des ſiécles. Mais alors les Catholiques ne manqueront pas de tourner contre les Proteſtans les raiſons que ceux-ci alléguent aux deïſtes, pour leur prouver, qu'on peut ſe repoſer de leur autenticité & de leur intégrité, fur la tradition tant orale qu'écrite. Si cette tradition leur notifie fuffifamment l'autenticité & l'intégrité des livres facrés, pourquoi ne pourroit-elle pas leur garantir le vrai fens que les Apôtres leur ont attaché? Le dernier n'eſt pas plus difficile que le premier.

Les Proteſtans ont comme les Romains leurs traditions, auxquelles ils font obligés de ſe foûmettre, quoqu'ils proteſtent hautement que l'écriture eſt leur feul guide. Ce n'eſt en effet, que par une tradition fuivie & conſtante qui dépoſe pour l'autenticité & l'intégrité des livres facrés,



qu'ils

qu'ils penfent s'affurer de ces deux points importans, fans lesquels il n'y a point de Chriftianisme. Les écritures ne peuvent fe rendre à elles-mêmes un témoignage de leur vérité, ni par conféquent de leur divinité. Elles le diroient cent fois que ce ne feroit pas une raifon pour y ajouter foi. Si les faits qu'elles contiennent font vrais, la religion Chrétienne s'établit d'elle-même fur ces faits qui en font le fondement. Mais ces faits à leur tour doivent être établis fur une autorité hiftorique, claire & incontestable; ce qui fuppofe, qu'on peut s'affûrer, par les régles de la critique, de l'autenticité & de l'intégrité du texte où ils font compris. Je demande maintenant aux Proteftans, qui fe récrient fi fort au feul nom de *traditions Romaines** , quelles raifons ils peuvent alléguer contre-elles, qu'on ne puiffe rétorquer avec autant de raifon contre celles qu'ils font obligés d'admettre. Ils ont tellement miré & pointé leur canon contre les traditions de Rome, qu'ils ont renverfé avec la même batterie les traditions de Genève. C'eft ce que leur fait fentir indirectement Mylord Bolingbroke, que

* Tout ce qui ne fait point tige dans l'églife, tout ce qui n'y prend point racine. tout ce qui n'eft pas marqué du fceau de l'églife comme vérité reçue de la fource, tout ce qui n'eft pas tranfmis aux âges fuivans avec cette marque, n'eft point tradition de l'églife, mais tradition de quelques particuliers, dont on eft bien éloigné de prendre ici la défenfe.

que nous avons cité dans cet ouvrage.

Si toute tradition eſt fauſſe ou du moins incertaine, par cela ſeul que le canal des hommes nous la transmet dans les différens âges ; que devient l'autenticité de la Bible, & avec elle la vérité des faits qui ſervent de baſe à la divinité de la révélation ? Mais s'il y a des régles pour diſcerner entre les traditions vraies & les traditions fauſſes, c'eſt aux Proteſtans à prouver que les traditions Romaines manquent de cette condition qui caractériſe les vrayes. Ce ſont, diſent-ils, des doctrines purement humaines qui n'ont pas droit de nous ſubjuguer. Et pourquoi cela, s'il vous plaît ? C'eſt qu'elles n'ont aucun fondement dans les écritures, & qu'il nous eſt défendu d'avoir de la foi pour des doctrines qu'elles ne nous apprennent point. Mais avec un tel raiſonnement, vous ébranlez la divinité des livres ſacrés, puisque ce n'eſt point par eux que vous pouvez la connoître. Il faut, comme je l'ai déjà remarqué, que quelque choſe d'entérieur à ces livres rende témoignage à leur autenticité & à leur intégrité ; de la même maniere que J. C. avoit beſoin du témoignage de ſon pere, manifeſté d'une maniere ſenſible par l'éclat des miracles dont il étoit environné & par cette foule de propheties où il étoit ſi clairement déſigné. Or cette choſe entérieure, qui rend témoignage à l'autenticité & à l'intégrité des livres ſacrés, n'eſt
autre

autre que la tradition elle-même. Si cette
tradition, qui certainement eſt différente
de l'écriture, ſuffit aux Proteſtans pour
leur faire faire un acte de foi ſur la divinité
de cette écriture; pour quoi ne produit-elle
pas le même effet dans leur eſprit ſur d'autres vérités qui n'ont qu'elle pour appui ?
L'autenticité & l'intégrité de la Bible, desquelles dépend ſa divinité, n'ont point d'autre fondement que la tradition qu'il plaît
aux Proteſtans de traveſtir en autorité purement humaine. C'eſt donc ſur un fondement tout humain que repoſe leur foi.
Ils ont donc tort de crier contre les Catholiques, ſous prétexte qu'une bonne partie
de leur foi n'a point d'autre appui que le
témoignage des hommes  Car, je vous
prie, ſur quel autre fondement peuvent-ils
aſſeoir la foi qu'ils ont de la divinité des
écritures ? Si la tradition leur eſt d'un ſi
grand ſecours pour former un acte de foi
ſur la divinité des écritures ; pourquoi ne
feroit-elle d'aucune reſſource pour les Catholiques, qui l'appellent à leur ſecours,
pour rendre raiſon de quelques articles de
foi ſur lesquels l'écriture garde un profond
ſilence ?

Cette rétorſion de la part des Catholiques eſt un terrible argument contre la Réforme, qu'elle jette par là dans un déſordre manifeſte. Après avoir reçu des mains
de la tradition le plus grand de ſes articles
fondamentaux, ſavoir la divinité des écritures,

tures, où prennent leur source tous les autres fondemens de sa foi, il lui sied très peu de faire un procès à l'église Romaine sur les traditions qu'elle consacre & par lesquelles elle enchaîne la foi des fidéles. Pour se tirer d'un défilé où les Catholiques l'ont poussée, & pour anéantir toute la force de la tradition dont ils l'écrasoient, elle s'est vue contrainte de changer de batterie. Au commencement, elle disoit que les mêmes règles de critique, qui servent à constater l'autenticité & l'integrité des livres profanes, peuvent être appliquées avec un égal succès aux livres sacrès. Donc, lui disoit-on, vous faites dépendre de la tradition l'autenticité, l'intégrité, & conséquemment la vérité & la divinité de ces livres. Commencez donc par rayer ce point fondamental de votre constitution, qu'il n'y a d'articles de foi que ceux qu'on puise dans ces livres. Leur divinité, comme vous voyez, a un autre fondement que celui de leur autorité. Vous avez beau vous déchaîner contre la tradition, elle vous est si nécessaire, que sans elle vous ne pouvez même savoir si les livres, qui font la règle de votre foi, font divins.

Ce n'est plus de cette maniere que la divinité des écritures se connoît. Elle se fait sentir à ceux qui les lisent par les choses-mêmes qu'elles contiennent, à peu près comme on sent le froid & le chaud, le doux & l'amer. Autrefois, on croyoit qu'une
doc-

doctrine étoit véritable, parce qu'elle étoit renfermée dans les saints livres. Maintenant c'est la doctrine qui les fait croire tels. Ainsi la Réforme, qui établissoit autrefois la foi par les écritures, la compose aujourd'hui sans les écritures. Ce n'est pas le sentiment qu'on a des choses qui doit être éprouvé par l'écriture, mais c'est l'écriture qui doit être connue & sentie pour ce qu'elle est par le sentiment qu'on a des choses, avant que de connoître les saints livres, & la religion est formé sans eux. C'étoit déja un grand fanatisme & un moyen de tromper, que ce témoignage du St. Esprit qu'on croyoit avoir sur les livres saints, pour les discerner d'avec les autres; parce que ce témoignage n'étant attaché à aucune preuve positive, il n'y avoit personne, qui ne pût ou s'en vanter sans raison, ou même se l'imaginer sans fondement. Mais l'excès du fanatisme est de croire, que la conscience goûte la vérité, & qu'ensuite le fidéle croit qu'un tel livre est canonique, à cause qu'il y a trouvé les vérités qui le touchent; en un mot, qu'on sent la vérité, comme on sent la lumiere quand on la voit, la chaleur quand on est auprès du feu, le doux & l'amer quand on mange. Quand on vient une fois à lire l'écriture dans cette disposition d'esprit, Dieu sait avec quelle facilité on la tourne à tout ce que l'on veut. Tout ce qu'on pense y paroît dès lors aussi certain, que si on le

voyoit

voyoit de ſes yeux ou qu'on le touchât de ſes mains. Le fanatisme eſt une fiévre chaude, qui rend préſens les objets dont l'imagination s'eſt frappée.

La queſtion des Livres Canoniques ou Apocryphes n'eſt pas une choſe qui ſoit indifférente à la foi des ſimples, comme on voudroit nous le faire croire; autrement, ce qu'on leur donne pour aſſuré par la foi ne le ſeroit plus. Pour diſcerner les livres divins d'avec ceux qui ne le ſont pas, je ne vois que ces trois moyens qui ſont de dire, ou qu'on fait ce diſcernement par le témoignage & la perſuaſion intérieure du St. eſprit; ou que la foi commence par ſentir les choſes en elles-mêmes, & que par le goût qu'on a pour les choſes on apprend auſſi à goûter les livres où elles ſont contenues; ou enfin que le conſentement de l'égliſe univerſelle eſt néceſſaire pour décider cette grande queſtion. Le premier & le ſecond moyen ne peuvent faire que des fanatiques. Une inſpiration détachée de tous moyens extérieurs, & dont on donne ſoi-même & ſon propre ſentiment pour caution à ſoi & aux autres, eſt certainement le plus aſſûré de tous les moyens qu'on puiſſe fournir aux trompeurs, & la plus ſûre illuſion pour outrer les entêtés: car moyennant cette inſpiration, que chacun prétendra avoir par préférence ſur les autres, il prendra pour elle toutes les penſées qui lui monteront dans le cœur; en

un mot, il appellera Dieu tout ce qu'il
fongera. Or c'eſt là la marque la plus manifeſte d'un fanatisme outré, & tel qu'on
le conçoit dans la tête d'un *Quaker* & d'un
*Heernhuter*. Le troiſiéme moyen eſt le ſeul
digne d'un homme raiſonnable ; & s'il a
quelque défaut, c'eſt de renverſer la Réforme par ſes fondemens.

Il y en a un quatriéme ; ce ſeroit d'appliquer aux livres ſacrés les règles de critique que les ſavans employent pour juger de l'autenticité des livres profanes.
Mais ce moyen, comme l'on voit, n'eſt
point fait pour les ſimples & les ignorans.
Ils ont bien autre choſe à faire que d'aller
étudier nuit & jour de gros livres & de
pâlir deſſus. Dieu qui eſt l'auteur de la
ſociété comme il l'eſt de la religion, ne
veut point que tous les hommes s'occu-
pent d'étude. Il y a mille travaux qui ne
demandent que les mains ; & ceux là ne
ſont pas les moins néceſſaires à la ſociété.
Les uns ſont faits pour l'éclairer, & les
autres pour la nourrir. Les arts méchani-
ques ſont même plus liés à ſa conſtitution
que les arts libéraux. Les premiers ſont
deſtinés à fournir au corps ſes beſoins, &
les ſeconds à fournir à l'eſprit les ſiens. Or
les beſoins du corps vont avant ceux de
l'eſprit. Une nation ne penſe à cultiver
les ſciences, que lorsqu'elle commence à
jouïr des aiſes & des commodités de la vie.
D'ailleurs, la plûpart des hommes, par un
effet

effet de la providence qui veille à la con-
fervation de la fociété, naiffent avec un
efprit groffier & ruftique, qui ne leur permet d'autre exercice que celui des métiers
les plus vils, ou celui de la culture des
terres. Or ces fortes de perfonnes, Dieu
les appelle à fa religion non moins que les
favans & les beaux efprits. Comme leur
imbécillité & les obftacles qui en naiffent
pour réfléchir jufques à un certain point,
entrent dans le plan de la providence &
qu'elles font fon propre ouvrage, ce n'eft
que fur ce pié là que Dieu peut traiter a-
vec elles. Or il exigeroit d'elles une chofe impoffible, fi pour difcerner les livres
facrés, il ne leur donnoit d'autre moyen
que celui que fourniffent les régles de la
critique. Sa fageffe infinie demande néceffairement & indifpenfablement, qu'il proportionne fes loix à la condition où il a
mis lui-même fes créatures; il faut donc
qu'il les proportionne à la condition d'une
âme unie à un corps, qui doit fe nourrir
& vivre en fociété, paffer de l'enfance à
l'adolefcence, & fe tirer de fon ignorance
naturelle par l'inftruction. Or cette âme
dans la plûpart des hommes, eft fi pefan-
te & fi maffive à caufe des organes épais du
corps qu'elle anime, que le feul moyen qui
lui refte, pour ne pas fe tromper dans le
difcernement des livres divins & dans le
fens du texte, c'eft de voir par les yeux

H

de

de l'églife, & de mettre fa foi à l'ombre
de la fienne.

Voici un paffage de Bayle qui vient bien
à mon fujet. „ la condition de l'homme
„ eft qu'il a befoin de fuir certains corps,
„ & de s'approcher de quelques autres;
„ fans cela il ne fauroit fubfifter. Mais il
„ eft trop ignorant pour difcerner les corps
„ nuifibles de ceux qui font favorables;
„ il auroit befoin de plufieurs méditations,
„ de plufieurs expériences & raifonne-
„ mens, avant que de découvrir cela. Ce-
„ pendant, comme il a un continuel be-
„ foin de s'approcher ou de s'éloigner de
„ certains corps, il mourroit mille fois,
„ s'il avoit autant de vies à perdre, avant
„ que de faire un mouvement à propos.
„ Pour obvier à cet inconvénient, Dieu
„ a fait des loix qui avertiffent prompte-
„ ment l'homme, quand il faut s'appro-
„ cher ou s'éloigner des objets; c'eft par
„ le fentiment de plaifir ou de douleur
„ qu'il lui imprime à la préfence de cer-
„ tains corps. Par là il connoît non pas
„ ce que les corps font en eux-mêmes,
„ cela n'eft point néceffaire à fa conferva-
„ tion, mais ce qu'ils font par rapport à
„ lui; connoiffance qui lui eft extrême-
„ ment néceffaire & qui lui fuffit. Quoi
„ Dieu, continue-t-il, n'aura point eu é-
„ gard à la faute du premier homme, il
„ aura fourni au genre humain, non obf-
„ tant cela, un moyen prompt & facile

„ de

,, de difcerner ce qui lui eft néceffaire pour
,, conferver fa vie animale ; & il auroit re-
,, fufé à tous les hommes le moyen de
,, difcerner ce qui leur eft propre ,pour
,, la vie de l'âme ? Cela n'eft point ap-
,, parent, ni felon l'idée de l'ordre ". V. le
Ch. 10. 2. p des com. phil.

Il réfulte delà que Dieu doit nous avoir
donné un guide & comme une pierre de
touche, pour difcerner le vrai d'avec le
faux en matiere de religion. Le guide,
felon Bayle, cette pierre de touche, c'eft
le fentiment intérieur de la confcience.
*Celui-là vit avec les dieux qui fait ce que veut
le génie que Jupiter a donné à un chacun pour
le conduire, & qui eft comme une portion é-
manée de Dieu-même, & l'entendement & la
raifon d'un chacun.* Cette maxime de M.
Aurele eft pour Bayle une preuve convain-
cante, qu'on peut & qu'on doit fuivre l'inf-
tinct de fa confcience, foit quelle montre
le vrai, foit qu'elle montre le faux. *N'en
va-t-il pas de même pour la vie corporelle ? Le
goût de l'un ne montre-t-il pas, comme bonne, la viande que le goût d'un autre montre
comme mauvaife ? Cette diverfité empêche-t-el-
le que chacun ne trouve fon aliment, & ne
fuffit-il pas que les fens nous montrent la con-
venance qu'ont les objets avec nous, fans qu'il
foit néceffaire que nous fachions leurs qualités abfolues ? Il fuffit auffi que la confcience
d'un chacun lui montre, non pas ce que les
objets font en eux-mêmes, mais leur nature*

 ref-

*respective, leur vérité putative. Chacun dif-*
*cernera par ce moyen sa nourriture. Il fau-*
*dra qu'il tâche de discerner la meilleure, &*
*qu'il y employe tous ses soins; mais si lui é-*
*tant présentée, sa conscience ne s'en accommo-*
*de pas, & se trouve sans aucun goût pour*
*elle, & avec un grand goût ponr une autre*
*chose, à la bonne heure; il faudra prendre*
*ce dernier parti.*

Ainsi, nous voilà réduits à discerner,
par le sentiment de la conscience, les dogmes qui nous conviennent d'avec ceux qui
ne nous conviennent pas; à peu près comme le goût nous fait trouver bons les ali-
mens qui sont propres à notre nourriture.
Mais notre septique se trompe fort, en
comparant des choses si différentes, les
sens & la raison, le goût pour les objets
des sens, & le jugement par lequel on ad-
here à un dogme. La diversité des goûts
naît de la diverse contexture des fibres plus
grossieres ou plus délicates. Ce qui est un
plaisir pour celui dont les fibres sont plus
fermes & plus dures, devient douleur pour
celui dont les fibres sont plus tendres &
plus molles. Mais la vérité ne dépend point
de la constution de nos âmes pour être ce
qu'elle est. Elle est par tout la même &
par tout uniforme. Il est ridicule d'imaginer que ce qui est erreur pour une âme
devienne vérité pour une autre; & cela à
cause de la proportion que l'erreur aura
avec elle. L'âme est faite pour la vérité,

&

& non pour ce qui n'en a que les apparences. Si Dieu s'eſt plû à nous révéler certain nombre de vérités, s'il nous a fait une loi de nous appliquer à les connoître; ſans doute qu'il a voulu que nous puſſions les trouver. Il n'y a point d'apparence que Dieu nous ait condamnés à marcher toûjours, ſans arriver au terme marqué par lui-même. Or tel eſt pourtant notre ſort; ſi Dieu, comme le prétend Bayle, n'a point donné à la vérité des caractères aſſez forts pour la faire diſtinguer de l'erreur, il ne veut pas qu'on ait droit d'accuſer d'opiniâtreté ceux qui proteſtent qu'ils ſont dans la bonne foi. Mais parler ainſi, n'eſt-ce pas méconnoître les profondeurs du cœur humain? De combien de paſſions fines & déliées notre cœur n'eſt-il point la dupe, ſans que nous le ſachions? Il n'y a peut-être rien qui nous ſoit plus inconnu que les ſecrets reſſorts de ſes mouvemens. Où Bayle a-t-il pris que la perſéverance dans l'erreur n'eſt point un effet de la corruption du cœur humain, ni quelque paſſion délicate qui ferme à l'eſprit toutes les avenues de la vérité? Pourquoi veut-il juſtifier les hommes aux dépens de la divinité, & mettre ſur ſon compte des erreurs qui ſont le malheureux fruit de notre malice naturelle? Il craint d'expoſer les errans à la perſécution des orthodoxes. Mais pour obvier à ce mal, il n'avoit qu'à diſtinguer une malice de réflexion, qui calomnie notre conscience, une malice dont les autres peuvent nous convaincre, d'avec cette autre malice plus cachée, plus profonde, qui se dérobe quelquefois à nos regards. Le magistrat est juge compétant de la premiere espéce de malice ; l'autre ressortit immédiatement au tribunal de Dieu.

Mais si Dieu ne se contente pas des efforts que nous faisons pour découvrir la vérité ; s'il n'agrée pas les hommages que nous rendons à la vérité, quelle qu'elle soit, *réelle* ou *putative*, il est visible qu'il demande de nous l'impossible ; & en le disant, nous en faisons un tyran. J'en conviens ; mais pourquoi cette prétendue impossibilité ? N'est-ce pas, parce qu'on a posé pour maxime dans la réforme, qu'il n'y a point de juge infaillible de la foi ? Ecoutons raisonner sur cela l'auteur *des avis sur le tableau du Socinianisme* Article 11. p. 20. ,, je ,, pose, dit-il, le principe de la Réforma- ,, tion, qui est celui du bon sens : c'est ,, que Dieu ayant donné sa parole aux ,, hommes afin de les conduire au salut, ,, & Dieu appellant à ce salut beaucoup ,, plus de peuple que de grands & de sa- ,, vans, il s'ensuit nécessairement que ceux ,, du peuple qui ne font pas entierement ,, privés de sens commun, peuvent se ,, déterminer sur ces objets fondamentaux ,, par la lecture de la parole de Dieu". Ce principe présupposé, il raisonne ainsi : ,, Cela étant, il me semble que l'on en ,, peut

„ peut conclurre que tous ces dogmes sur
„ lesquels les savans ont tant de peine à se
„ déterminer, quoiqu'ils travaillent de
„ bonne foi à leur salut, ne sont pas de
„ cette nécessité absolue dont nous parlons.
„ Car si les savans, qui ne sont pas la mil-
„ liéme partie du peuple, trouvent tous
„ ces embarras qui retiennent les plus sa-
„ ges d'entr'eux indéterminés: comment
„ les simples sans étude & sans application
„ pourront-ils voir avec cette certitude
„ que la foi demande, ces objets obscurs
„ & douteux aux savans? .... Je crois que
„ l'on peut conclurre après cette reflexion,
„ que les points fondamentaux de la reli-
„ gion ne sont pas à beaucoup près en si
„ grand nombre que plusieurs se l'imagi-
„ nent aujourd'hui; autrement je croirois
„ que la voie d'examen, qui est le fon-
„ dement de notre Réformation, seroit un
„ principe impossible au peuple & par
„ conséquent injuste & faux. J'attens a-
„ vec impatience quelque éclaircissement
„ là dessus". Cet éclaircissement, je pense, se fera longtems attendre dans la Réforme. C'est-là le langage de Chilling-
Worth, de Burnet, de Locke, de tous
les tolérans enfin qui ne fondent la tolérance des erreurs que sur l'impossibilité où
l'on est de s'assurer qu'on a trouvé la vérité. Tel doit être aussi celui de la Réforme entiere. Pourquoi cette distinction d'articles fondamentaux & non fondamentaux,

fi intimement liée à fa conftitution ? Auroit-
elle quelque fondement dans l'écriture ?
Point du tout, comme le démontrent divinement bien les Indifférens.  On ne s'eft
avifé de  cet expédient que, parce qu'en
renverfant le fondement fur lequel fe repo-
foit la foi des peuples, il n'a plus été poffible de retenir dans l'unité d'une même foi
des efprits une fois émus & abandonnés à
eux-mêmes.  C'eft en vain que la Réforme a travaillé à donner des bornes à leur
licence effrénée.  Elle a vû avec douleur
l'indifférence des religions, fruit malheureux des difputes excitées dans toute la
Chrétienté, devenir le terme fatal où enfin a abouti fon fchifme d'avec Rome. ,, Il
,, n'y a, dit Mr. Boffuet, qu'un feul re-
,, méde à une fi dangereufe maladie, qui
,, tend manifeftement à l'extinction du
,, Chriftianifme & de toute religion : c'eft
,, de chercher la vérité, non par fa feule
,, raifon, mais avec l'églife, fous fon au-
,, torité, fous fa conduite.  Car s'il y a
,, au monde un fait conftant, c'eft que
,, la chercher tout feul, même dans la
,, fainte écriture, par fon propre efprit,
,, par fon propre raifonnement, & non pas
,, avec le corps & dans l'unité de l'égli-
,, fe, c'eft la fource de tous les fchifmes
,, & de toutes les héréfies : & s'il y a un
,, moyen folide d'éviter ce mal & toute
,, innovation dans la foi, c'eft celui de
,, foûmettre non pas Dieu & fon écritu-
,, re,

,, re, comme on voudroit nous faire ac-
,, croire que nous le pratiquons, mais tout
,, fentiment particulier fur l'intelligence
,, de cette écriture, à celui de l'églife u-
,, niverfelle : & s'il y a un befoin pref-
,, fant que l'expérience nous rende fenfi-
,, ble, c'eft celui que nous avons d'un tel
,, fecours". *V. le fix. avert. fur les lettr. de
Mr. Jur.*

# CHAPITRE X.

*Conféquences qui réfultent néceffairement du
fyftéme de l'intolérance expofé dans les
chapitres précédens.*

CE que nous avons dit jufqu'ici tend à
prouver que l'intolérance eccléfiaftique qui ne veut aucune communication a-
vec les Non-Conformiftes, entre effentiel-
lement dans la conftitution de la religion
Chrétienne. Ainfi Locke, Leibniths &
tous les autres qui par un efprit de paix &
de charité ont été portés à former des plans
de réunion, moyennant laquelle tous les
Chrétiens auroient vécu dans une même
communion & fe feroient tolérés mutuellement leurs erreurs, ont abfolument mé-
connu l'efprit du Chriftianifme. L'unité
dans les fentimens forme le vrai caractere
de l'églife que J. C. a fondée. C'eft d'el-
H 5
le

le qu'elle tire toute fa force ; c'eft par l'harmonie parfaite avec laquelle tous fes membres refpirent dans une même foi, qu'elle eft un corps fain, vigoureux & robufte : bien différente en cela du royaume de fatan, que J. C. nous repréfente divifé en lui-même, & dont la divifion entraîne néceffairement la ruine. La tolérance d'opinions diverfes dans les points relatifs à la révélation, frappe fur la conftitution-même du chriftianifme. Elle ne peut avoir lieu par rapport à un article révélé, qu'elle ne doive également l'avoir par rapport à tous les autres. C'eft en vain que la réforme a voulu la refferrer dans des articles qu'elle a déclarés elle - même non fondamentaux. Outre que cette diftinction n'a point de fondement dans les écritures, il eft encore prouvé qu'on ne peut l'admettre, fans donner atteinte à la véracité divine. Autant vaudroit-il ne point croire du tout en Dieu, que de lui donner un démenti fur un article qu'il a révélé. C'eft le bleffer dans l'endroit le plus fenfible & le plus délicat, que de lui difputer fa fuprême véracité dans les chofes qui font émanées de fa bouche, quelles qu'elles foient. L'importance de leur objet n'ajoute rien à la griéveté de l'injure. Je fuis furpris que les Calviniftes pardonnent aux Lutheriens leurs erreurs, qu'ils les traitent en freres & les admettent à leur communion. Car ou ces erreurs ont leur

four-

fource dans des paffions fecrettes, telles que l'intérêt, l'orgueil, la préfomption, l'entêtement, &c. ou dans un défaut de lumiere fuffifante, dans une certaine tournure d'efprit qui ne leur permet pas de les appercevoir. Dans le premier cas elles font criminelles & dégénerent en héréfie; & conféquemment ceux qui les foutiennent doivent être bannis de la communion des fidéles. Dans le fecond cas elles font innocentes par ce qu'elles font involontaires; mais ce n'eft pas une raifon pour communiquer avec ceux qui en font les partifans. Juftifiés aux yeux de Dieu, qui fonde les difpofitions les plus intimes des cœurs, ils font coupables au tribunal des hommes, à qui Dieu interdit toute communication avec les hérétiques, quels qu'ils foient, errans de bonne ou de mauvaife foi. Si la bonne foi dans l'erreur étoit une raifon pour communiquer avec ceux à qui on la fuppofe, il n'y a point d'hérétique, fût-ce un Socinien-même, qui n'eût droit d'être admis dans notre communion, la charité nous obligeant à penfer favorablement de ceux que nous voyons plongés dans l'erreur. Il fuffit donc au Calvinifte que le Lutherien ne penfe pas comme lui, pour qu'il ne le tolere point dans fa communion. S'il lui donne aocès, je ne vois pas qu'il puiffe le fermer au Socinien, qui peut a-

voir

voir autant de bonne foi dans son erreur. La tolérance ne peut être accordée à un hérétique, qu'elle ne doive l'être à tous sans aucune distinction. Il en va ici comme dans les fourches-claudines, où Herennius Ponsius conseilla l'une ou l'autre de ces deux extrémités, ou de bien traiter tous les Romains, ou de les tuer tous. L'expérience montra que son fils qui voulut tenir le milieu n'y entendoit rien. *Ista quidem sententia*, lui dit sagement son pere, *ea est quæ neque amicos parat, neque inimicos tollit*. T. Liv. lib. 9. Si toute opposition à une vérité révélée est un sujet légitime de rupture, c'en est fait de la tolérance en fait de dogmes, elle doit être bannie du Christianisme. Rome a raison, & Généve a tort. Mais s'il est des erreurs qu'on doive tolérer, qu'on m'assigne les bornes où la tolérance doit s'arrêter. Si je dois traiter en frere le Luthérien, pourquoi le Socinien est-il pour moi anathême? Les passions, qui dans le Luthérien aveuglent son entendement & lui font donner à un texte vrai une explication fausse, sont les mêmes qui dans le Socinien obscurcissent ses lumieres & l'éloignent du vrai sens des écritures. Cependant on veut que Dieu les excuse dans le premier, & qu'il les punisse dans le second. Cette partialité, qu'on s'efforce de donner à Dieu dans la conduite qu'il tient à l'égard des hommes, est absolument démenmentie par les idées que nous nous formons de sa divinité. S'il punit le Socinien pour ses erreurs, croyons qu'il punira le Luthe-rien pour les siennes ; & que toute la dif-férence qu'il mettra entre le châtiment de l'un & de l'autre, procédera nécessaire-ment du plus ou du moins d'opiniâtreté que l'un & l'autre auront mises dans leurs er-reurs.

Ceux qui comme Locke établissent un système de christianisme d'une si ample la-titude, qu'aucuns hérétiques, les Soci-niens-mêmes, n'en sont exceptés, me pa-roissent raisonner plus conséquemment que ces tolérans mitigés, qui, par les bornes qu'ils mettent à leur tolérance, semblent la renverser. Mais aussi dans ce système que devient le christianisme avec tous les mys-teres ? Tel est l'inconvénient qui marche à la suite de la tolérance, seule & unique ressource qui reste à ceux qui ne reconnois-sent point d'autorité infaillible. Mais où cette autorité manque, tous les ressorts du christianisme se détendent nécessairement ; il perd cette consistance propre à contenir ses différentes parties, & il se dissoud en une multitude de sectes opposées. Il est donc vrai que le Christianisme ne peut subsister dans toute sa force & son intégrité, qu'au-tant qu'il se conduit selon les principes d'une intolérance rigide & inflexible qui n'admet point de diversité dans les senti-mens.

mens. Mais s'il eſt inexorable pour l'erreur, il eſt plein de douceur & d'humanité pour ceux qui ſe laiſſent infecter de
ſon poiſon.

*Fin du premier Livre.*

9 782329 773445